기 후 미 식

나의 조카들과 이 세상 모든 미래 세대의

지속가능한 번영을 위해

우리가 먹는 것이 지구의 미래다

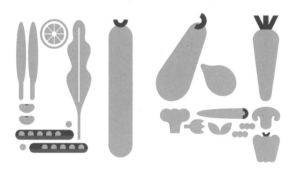

이의철 지음

위즈덤하우스

오늘 한 끼가 우리의 미래를 바꾼다

내가 '기후미식'이라는 단어에 매료된 것은 2019년이다. 유럽에서 에너지 자급률이 가장 높은 독일 남부 도시 프라이부르크에서 사람들은 어떻게 살아가고 있는지 눈으로 직접 확인해보고 싶어서 여름휴가 겸 그곳을 방문했다. 독일의 철도 중심 교통 시스템과 철도나 메트로 역 주변의 엄청난 자전거 주차장, 공동주택 단지 내 차량 진입 제한, 공동주택 지하에 있는 공용 세탁기와 건조기, 다양한 순 식물성 식품들과 식재료, 식당 메뉴 등이 인상적이었다. 그리고 독일에선 데이트 상대의 매력을 묘사할 때 '친환경적'이라는 표현이 쓰이고, 그것이 호감의 표현이라는 이야기를 들으면서, 독일인의 환경 인식 수준이 한국인에 비해 매우 높다는 것을 실감할 수 있었다.

그렇게 여름휴가를 마치고 한국으로 돌아오기 위해 다시 프랑
크푸르트에 도착했을 때 도시 곳곳에 펄럭이고 있던 '기후미식 주
간(Klimagoumet Woche)' 깃발이 눈에 들어왔다. '기후'와 '미식'이라
는 단어의 조합이 너무나 신선하고 인상 깊어서 가슴이 두근거렸
다. 그리고 한국에 돌아와 10월에 "세계는 이제 기후미식 시대"라는
제목의 칼럼을 〈헤럴드경제〉에 기고했다. 한국에 최초로 기후미식
이라는 단어를 소개할 수 있어 매우 기뻤다. 이후에도 여러 강연과
칼럼을 통해 기후미식이 기후위기 시대의 새로운 정상이 되어야
한다는 주장을 알려 나갔다.

기후미식은 온실가스 배출을 최소화하면서 즐길 수 있는 음식,
지속가능한 생태계를 염두에 둔 음식을 준비하고 접대하는 행동을
뜻한다. 지구의 모든 생명체, 현재와 미래의 모든 인류에 대한 책임
감 있는 음식 선택과 소비를 의미한다. 기후미식이라는 단어의 메
시지가 너무 명확해서인지 1년 정도 지난 후 전국 각지의 다양한
환경단체에서 기후위기 대응을 위한 실천으로 '기후미식'을 제안하
기 시작했다. 그리고 KBS1라디오는 '기후미식회'라는 콘텐츠를 제
작하기도 했고, EBS뉴스에서도 지구와 인류에 책임감 있는 음식
소비로 '기후미식'을 소개하기도 했다. 울산에서는 아예 '기후미식
회'라는 이름의 비건 카페가 생기기도 했고, 광주기후위기비상행동

은 광주를 기후미식 도시로 만들기 위한 활동을 시작했다. 전라북도의회 이명연 의원은 기후미식 실천을 촉진하기 위해 『전라북도 녹색생활 실천을 위한 채식환경 조성 지원에 관한 조례』를 발의하기도 했다. 모두 기후미식 칼럼 이후 2년 만에 벌어진 일들이다. 기후위기에 대한 인식이 높아지면서, 지금 당장 기후위기 완화를 위해 뭐라도 실천하려는 사람들이 늘어난 것이 '기후미식'에 대한 관심으로 이어지고 있는 것이다.

변화의 조짐은 나의 전작 《조금씩 천천히 자연식물식》에 대한 반응에서도 확인됐다. 영양학, 의학적인 내용이 주된 책이었지만, 적지 않은 독자들은 음식이 기후와 환경에 미치는 영향에 대해 짧게 언급한 가장 마지막 장 '지속가능한 먹거리'에 특히 더 공감을 보냈다. 이제 음식이 건강에 미치는 영향뿐만 아니라 지구와 환경에 미치는 영향까지 진지하게 이야기 나눌 수 있는 분위기가 형성되고 있다는 생각에 흐뭇했다. 그러던 중 '지속가능한 먹거리' 부분의 내용을 보강해서 별도의 책으로 출간하자는 제안을 받았다. 반가웠지만, 진료와 강연으로 책을 쓸 여유가 없어 흔쾌히 응답할 수 없었다. 하지만, 시시각각 급변하는 기후위기 상황을 보면서 책 출간을 더 이상 늦출 수 없었다. 틈나는 대로 내용을 구상하고 자료를 찾고 정리하느라 작업은 더뎠지만, 결국 기후와 음식을 주제로 한 책, 《기후미식》을 완성하게 됐다.

이 책은 지금까지 기후위기를 다룬 책들과는 크게 두 가지 관점이 다르다. 첫 번째는 탄소배출을 줄이는 방법이 아닌 '흡수를 증가하는 방법'에 집중하고 있다는 점이다. 기후위기로 인한 재앙이 본격화되면서 효과를 체감하기까지 60~70년이 걸리는 탄소배출 감소 활동뿐만 아니라 당장 그 효과를 체감할 수 있는 대기 중 온실가스를 직접 줄이는 활동이 무엇보다 중요해졌다. 육지의 숲과 바다의 식물성 플랑크톤이 대기 중에 있는 이산화탄소를 더 많이 흡수하고, 다양한 생명들이 이를 더 많이 저장하도록 만들어야 한다. 인간의 식단을 최대한 식물성으로 전환해야 하는 이유다.

두 번째는 동물성 식품이 인류의 건강을 위해 얼마나 필요한가에 대한 것이다. 많은 기후학자나 활동가는 동물성 식품 섭취가 온실가스 증가에 상당히 영향을 끼친다고 언급하면서도, 인류에게 필요한 농경지는 계속 증가할 수밖에 없다고 거의 단정한다. 이는 인류에게 동물성 식품 섭취는 필수라는 전제를 하고 있기 때문이다. 하지만 나는 현직 의사로서 인류의 생명을 직접적으로 위협하고 있는 비만, 심뇌혈관질환, 암, 자가면역질환, 치매 등의 건강 문제를 해결할 수 있는 가장 효과적이고 쉬운 방법이 동물성 단백질을 먹지 않는 것임을 잘 알고 있다. 그래서 이 책은 대기 중 온실가스 감소를 위해서뿐만 아니라, 인류의 건강을 위해서 동물성 식품을 아예 먹지 않는 것이 최고의 선택이라고 과감하게 제안한다.

만약 우리가 음식과 관련해 '기후미식'이라는 최고의 선택을 한다면, 인구가 증가하더라도 얼마든지 농경지를 획기적으로 줄이면서 건강위기와 식량위기 모두에 슬기롭게 대처할 수 있을 것이다. 축산업이 화석연료와 운명을 같이할 때 비로소 인류에게 희망이 생길 것이다. 건강 문제에 대해서는 3부 '인류의 멸종에 저항하는 영양학'을 참고하기 바란다.

책은 크게 4부로 구성되어 있다. 1부 '생존을 위협할 미래가 다가온다'에서는 앞으로 수십 년 사이 우리가 겪게 될 가뭄과 산불, 폭우와 홍수, 해수면 상승과 침수, 식량위기의 구체적인 모습이 어떨지 살피고, 이로 인해 우리가 겪게 될 건강 문제와 기후 불평등, 기후난민의 문제를 다룬다. 2부 '음식으로 지구를 구한다'에서는 우리가 즐겨 먹는 고기, 생선, 달걀, 우유, 식용유 등을 생산하는 과정에서 얼마나 숲이 파괴되고 대기 중 온실가스 배출이 증가하는지, 그리고 축산업이 분뇨와 항생제, 슈퍼박테리아로 지구를 어떻게 오염시키는지에 대해 다룬다. 3부 '인류의 멸종에 저항하는 영양학'에서는 동물성 단백질 집착이 어떻게 인류를 식량위기에 빠뜨릴 수 있는지, 그리고 인간의 건강을 어떻게 직접적으로 망가뜨리는지를 살피고, 단백질 집착에서 해방될 수 있는 의학적, 영양학적 지식을 전한다. 4부 '기후미식, 모두를 위한 지속가능한 레시피'에서는 지구와 우리의 지속가능한 건강과 번영을 위한 기본 에티켓으로서 기후미식적 태도의 중요성과 최고로 건강한 기후미식인 자연식물식의 개념과 실천 방법을 소개한다.

한편,《기후미식》은 기후와 환경오염, 음식, 영양학에 관한 내용뿐만 아니라, 지구에 존재하는 다양한 생명들의 조화와 균형의 중요성에 대한 내용도 담고 있다. 따라서 나는 독자들이 이 책을 읽고 단지 식단을 바꾸는 것에 그치지 않고, 지구에 존재하는 다양한 생명들과 무생물들이 인간을 위한 도구나 원재료가 아닌 우리와 삶을 함께하는 동반자라는 관점을 자연스럽게 체화할 수 있기를 바란다. 인간의 모든 행위들이 돈벌이 수단으로 전락해 끊임없이 우리의 이성적인 판단과 실천을 방해하는 자본주의 시대에 이런 자각은 식단을 바꾸는 것뿐만 아니라 인류와 모든 생명의 지속가능한 번영을 위한 결정에 나침반 역할을 할 것이라 생각한다.

마지막으로 이 책이 세상에 나오기까지, 집필을 제안하고 인내심으로 원고를 기다려준 선세영 편집자와 위즈덤하우스 출판사에 감사를 드린다. 아울러 바쁜 병원 일을 마치고 난 후 피곤함과 싸우며 저녁 시간과 주말을 희생해 집필을 할 수 있도록 물심양면으로 도와준 아내에게도 감사의 인사를 전한다.《기후미식》이 우리 사회의 탈인간중심주의, 미래 세대를 위한 변화에 미약하나마 기여할 수 있기를 간절히 바란다.

차례

1부

생존을
위협할
미래가
다가온다

2020년 여름, 54일간 지속된 장마는 우리나라 사람들에게 기후위기를 실감하게 했다. 그간 환경단체들과 SNS를 통해서만 공유되던 기후위기 관련 내용들이 이후 공중파 방송과 주요 매체에서도 보도되기 시작했다. 덕분에 이제 한국인의 뇌리에도 기후위기는 실존하는 위협이며 앞으로 그 피해가 더 커질 것이라는 사실이 분명히 각인되었다.

하지만, 여전히 많은 사람은 기후위기를 무더위, 폭우, 태풍 같은 날씨 관련 문제로만 인식하고 있다. 기후위기로 인해 현재로서는 상상도 할 수 없는 극단적인 사건들이 발생하고, 극심한 사회적 갈등이 촉발되고, 결국 인류의 생존이 위협받게 될 것이라는 사실까지는 미처 생각하지 못하는 것 같다. 그렇지 않고서야 이렇게 평온할 수는 없기 때문이다.

2022년 3월 울진과 삼척 지역에서 발생한 9일간 밤낮없이 계속된 산불은 이제 한반도에서 산불이 일상화되고 있다는 사실을 깨닫게 해줬다. 그리고 그 산불이 울진 원자력발전소와 LNG 기지까지 번질 수 있다는 사실도 일깨웠다. 기후위기는 우리가 예상할 수 있는 방식으로 우리의 생존을 위협하지 않는다. 오히려 기후위기 시대엔 작은 불씨 하나가 한반도 대재앙의 도화선이 될 수 있다.

산불 다음엔 또 무엇이 우리를 기다리고 있을까? 해수면 상승, 농작물 수확량 감소, 열대 전염병 확산, 알레르기질환의 증가, 폭염, 한파, 코로나19와 같은 신종 전염병의 출현···. 어느 하나 만만한 것들이 없다. 그리고 최종적으로는 더 나은 삶의 조건을 찾아 사람들의 대규모 이동이 뒤따를 것이다. 국내에서뿐만 아니라 국경을 넘어선 이동이 일상화될 것이다. 이는 원주민과 이주민과의 갈등, 지역별 분쟁, 전쟁 등 대규모 사회적 갈등으로 이어질 가능성이 높다. 과연 우리는 이런 미래를 맞이할 준비가 되어 있을까?

이미 일상이 되어버린
대재앙

대형산불로만 끝나지 않는 연쇄적 재앙

기후위기를 상징하는 대표적인 장면 중 하나는 거대한 산불이다. 산과 들, 마을이 붉은 화염에 휩싸이고, 검은 연기가 하늘을 뒤덮어 온 세상이 검붉게 물든 장면은 앞으로 인류에게 닥칠 대재앙의 서막과 같은 인상을 준다. 이런 산불이 자주 발생하는 대표적인 지역은 미국 캘리포니아다. 캘리포니아에서는 2021년 한 해만 서울의 11배에 해당하는 면적이 불에 타버렸다. 미국 캘리포니아와 네바다주는 이미 20년째 가뭄에 시달리고 있는데, 2018년부터는 해마다 여름이 되면 대형산불이 발생하고 있다. 평균기온이 상승하고, 대기가 점점 더 건조해지면서 산불이 더 자주, 더 거대하게 발생하는 것이다.

상황이 이렇다보니 캘리포니아 산불로 인해 금융위기가 촉발될 가능성도 제기되고 있다. 캘리포니아 지역의 1,200만 주택 중 300만 채 이상이 산불 위험지역에 해당한다. 주택들의 화재 보험료가 증가하고, 주택 가격이 떨어지면서 이 주택들을 담보로 대출을 제공한 금융기관이 부실해져 2007년 서브프라임 모기지 사태와 같은 금융위기가 발생할 수도 있다는 전망이다.

2019년 9월부터 2020년 2월까지 5개월간 지속된 호주의 산불로 인해 대한민국 국토 면적의 1.8배에 해당하는 1,860만 헥타르가 불타버렸다. 이 과정에서 건물 5,700여 채가 불타고, 야생 포유류, 파충류, 조류 약 5억 마리를 포함해 총 12억 7,000여 마리의 야생동물과 곤충이 불타 죽는 대재앙이 발생했다. 이 산불은 1월 말부터 내리기 시작한 비 덕분에 비로소 진화됐다.

호주의 산불이 이렇게 거대하게 발생한 원인으로 '양의 쌍극자 지수'가 지목받고 있다. '양의 쌍극자 지수'는 초여름과 늦가을 사이 인도양 열대 해역의 수온이 서쪽에서는 증가하고, 동쪽에서는 감소하는 현상을 말한다. 이 현상이 인도양 서쪽에 위치한 동아프리카 지역에서는 강수량을 증가시키고, 호주가

위치한 인도양 동쪽 지역은 강수량을 감소하게 만든다. 2019년은 이 '양의 쌍극자 지수' 현상이 이례적으로 강하게 나타나, 호주에 건조기후가 강화돼 최악의 산불이 발생했다. 기후위기로 인해 '양의 쌍극자 지수' 현상은 점점 강화되고 있다. 언제든 호주에서 더 큰 규모의 산불이 발생할 수 있는 것이다.

캘리포니아와 호주뿐만 아니라, 2021년 여름엔 섭씨 50도에 육박할 정도의 고온 건조한 날씨가 그리스, 터키, 이탈리아 남부, 알제리 등 지중해 지역에서도 지속됐다. 이곳들에서 대형 산불이 발생하면서 전 지구적으로 공포가 확산되고 있다.

한국도 산불 안전지대라고 볼 수 없다. 2022년 3월, 경상북도 울진, 강원도 삼척, 강릉, 동해 영월, 부산 기장군 아홉산 등에서 동시다발적으로 발생한 산불은 기후위기와 함께 '산불'이라는 재난이 앞으로 일상화될 수 있다는 사실을 깨닫게 해주었다. 사실 2022년 산불은 이례적인 사건이 아니다. 2017년부터 2020년까지 산불 발생 건수는 각각 692건, 496건, 653건, 620건으로 최근 10년(2011~2020년) 연간 평균 산불 발생 건수 474건을 훌쩍 넘겼다.

2019년 4월 강원도 고성에서 일어난 산불은 영랑호 인근 속초 시내까지 번져 대형 참사로 이어질 뻔했다. 경북 안동에선 2020년 1,900헥타르를 태운 대규모 산불이 발생한 데 이어,

2021년 또다시 250헥타르를 태운 산불이 발생했다. 다행히 지금까지는 인구가 밀집한 시내나 원자력발전소, LNG 기지와 같은 주요 시설까지 산불이 번지지는 않았지만, 기후위기가 악화되면 어떤 일이 벌어질지 아무도 장담할 수 없다.

울진의 원자력발전소는 동해 지역에 산불이 발생할 때마다 위기에 처하게 된다. 2000년 4월 강원도 동해안을 따라 8일간 지속된 대규모 산불 때도 원자력발전소 근처까지 불길이 번진 데 이어, 2022년 3월 213시간 지속되며 서울 면적의 3분의 1 이상을 태운 역대 최대의 울진·삼척 산불 때도 불길이 원자력발전소 앞까지 번져 전 국민을 긴장하게 만들었다. 그뿐만 아니라 삼척 LNG 생산기지 앞까지 불이 번져 산불이 또 다른 거대한 재난의 도화선이 될 수 있다는 사실도 알려주었다.

기후위기로 인한 재앙은 우리의 상상을 뛰어넘는다. 원자력발전소와 LNG 기지가 산불로 인해 폭발할 수 있으리라고는 어느 누구도 상상하지 못했다. 기후위기가 본격화되었기에 이제 우리는 대형산불을 어떻게 대처할 것인지 하는 고민을 넘어 대형산불로 인해 연쇄적으로 발생할 대재앙은 무엇인지까지도 진지하게 고민하고, 함께 대응책을 모색해야만 하는 상황에 놓여 있다.

선진국도 예외 없이 강타하는 폭우와 홍수

기후위기와 관련된 또 다른 재앙은 홍수다. 2020년 방글라데시는 6월 말부터 시작된 장마철 폭우로 국토의 37퍼센트가 물에 잠기는 대홍수가 발생했다. 이로 인해 540만 명의 난민이 발생하고, 41명이 목숨을 잃었다. 같은 장마 기간에 주변 국가들에서도 홍수 피해가 발생해 파키스탄에서 409명, 인도에서 98명, 네팔에서 132명이 사망했다. 베트남에서는 2020년 10월부터 11월까지 이어진 폭우와 태풍, 홍수, 산사태 등으로 인해 189명이 사망했다.

2021년에는 폭우와 홍수가 저개발 국가뿐만 아니라 사회 인프라가 잘 갖춰진 선진국까지 강타했다. 2021년 7월 일본 규슈 지역에는 연강수량의 절반에 해당하는 1,000밀리미터 이상의 비가 일주일 동안 쏟아지면서 하천 범람과 산사태가 발생했다. 또한 7월 월평균 강수량의 2배 가까운 비가 하루 동안 독일을 비롯한 주변 국가에 쏟아지면서 강물이 넘치고, 하수구 물이 역류하면서 홍수가 발생했다. '100년만의 폭우'라고 불린 이때의 강수량은 100~200밀리미터 수준으로 한국의 장마철 강수량과 비교하면 많다고 볼 수 없다. 하지만 평소 집중호우에 대한 대비가 부족했기에 이 정도의 호우만으로도 제방이 무너지고, 건물 2층 높이까지 물에 잠길 정도의 피해가 발생한 것이다. 이 홍수로 독일 196명, 벨기에 42명 등의 사망자가 발생했다. 이 사건은 아무리 선진국이라도 기후위기로 인해 자주 발생할 극단적 기상현상에 대한 준비가 부족하면, 그 피해가 눈덩이처럼 불어날 수 있다는 사실을 보여준다.

반면, 네덜란드는 국토의 60퍼센트가 해수면보다 낮음에도 불구하고, 불리한 자연조건에 대응하기 위해 평소 물관리 시스템을 잘 갖춰놓은 덕분에 해당 폭우로 도시가 물에 잠기거나 사망자가 발생하는 피해를 겪지 않았다. 같은 재난이 닥쳐도 그 사회의 준비 정도에 따라 피해 규모는 하늘과 땅만큼 차이가 날 수 있는 것이다.

한국도 2020년 54일간 지속된 장마와 태풍으로 42명이 사망했다. 기후위기로 인해 장마철 강수량이 얼마나 증가할지 단기적으로는 예상할 수 없다. 하지만, 지금처럼 온실가스가 배출되면 지표·대기·해수 온도 상승으로 2100년쯤엔 여름철 강수량이 10~15퍼센트 정도 증가하고, 태풍의 강도도 증가할 것으로 예상된다. 2021년 국립재난안전연구원에서 발표한《미래안전문제(Future Safety Issue)》에서 전문가들은 국내 위험성이 매우 높아질 재난 1위로 태풍과 홍수를 지목했다.

2030년 대한민국 국토의 5퍼센트가 물에 잠긴다

기후위기로 인한 또 다른 문제는 해수면 상승이다. 2019년 10월 미국의 비영리 연구단체인 '클라이밋 센트럴(Climate Central)'은 위성사진을 이용해 해수면 상승으로 침수될 지역을 보다 정밀하게 분석한 결과를 발표했다.[1] 2050년이 되면 상승한 해수면에 집이 잠겨 영구적으로 침수 피해를 입게 되는 사람이 1억 5천 명에 달하고, 1년에 1회 이상 홍수로 집이 물에 잠기는 사람이 3억 명에 달할 것으로 추정했다. 이런 피해 규모는 기존 추정의 3배 이상으로, 2100년이 되면 그 규모가 더 커진다. 영구 침수 피해를 입게 될 사람은 1억 9,000명에서 3억 4,000명으로, 1년에 1회 이상 홍수 피해를 입을 사람은 3억 4,000명에서 4억 8,000명으로 증가한다. 온실가스 감축 노력에 따라 이러한 피해 규모는 큰 폭으로 달라질 것으로 예상된다.

특히 해수면 상승으로 인한 피해는 중국, 방글라데시, 인도, 베트남, 인도네시아, 필리핀, 태국 등 7개국에 집중되는데, 전 세계 피해자의 70퍼센트 이상이 이 지역에서 발생할 것으로 예상된다. 현재와 같은 수준으로 온실가스가 배출될 경우 방글라데시와 베트남 인구의 3분의 1이 영구적으로 침수 피해를 입게 되는 것이다. 베트남 인구의 4분의 1인 2,000만 명이 살고 있는 베트남 남부 거의 대부분과 수도 호치민이 물에 잠기고, 태국의 수도 방콕과 인도의 경제 중심지 뭄바이도 물에 잠기게 된다. 해수면 상승과 홍수 피해가 본격화되면 대규모 난민이 발생해 그로 인한 다양한 사회적 갈등을 야기할 가능성이 매우 높다.

해수면 상승의 피해는 한국도 예외가 아니다. 그린피스가 클라이밋 센트럴의 자료를 활용해 한국의 피해를 분석한 결과, 2030년이 되면 해수면 상승과 태풍의 복합 영향으로 국토의 5퍼센트가 물에 잠기고 332만 명이 침수 피해를 입는 것으로 예측됐다. 권역별로는 경기도, 인천, 서울, 전라북도, 충청남도 순으로 피해 인구가 많았다. 구체적으로는 인천공항, 인천항, 부산항, 평택항, 인천복합화력발전소, 서인천복합화력발전소, 신인천복합화력발전소, 인천LNG복합발전소, 당진화력발전소, 한빛원자력발전소, 남동공단, 시화반월공단, 현대제철 당진공장 등의 주요 국가시설과 송도국제도시, 청라국제도시 등 바다를 매립해 건설한 도시들도 침수되거나 1년에 1회 이상 홍수 피해를 입게 될 것으로 예상된다.

이처럼 해수면 상승은 중대한 사회적 손실과 대규모 이주를 초래할 수밖에 없다. 따라서 국민 누구나 기후위기로 인해 본인이 입을 피해에 관한 과학적 근거를 기반한 정보에 접근할 수 있어야 한다. 하지만 어찌된 일인지 클라이밋 센트럴에서 제공하는 해수면 상승 지도를 구글에서 검색해 접근하면, 일부 조건에서 대한민국 관련 정보가 차단된다. 이유는 알 수 없으나, 관련 정보가 유통될 경우 사회적 파장, 특히 부동산 가격에 영향이 크게 발생할 것을 우려한 누군가에 의한 소행이 아닐까 개인적으로 의심해본다. 만약 구글을 통해 클라이밋 센트럴의 지도 접근이 어려울 경우 옆의 박스에서 소개하는 방법으로 접근하길 권한다.

클라이밋 센트럴의 해수면 상승 지도 접속하기

클라이밋 센트럴 웹페이지는 기후위기와 관련된 매우 다양한 정보를 제공하고 있다. 특히 해수면 상승 및 홍수 피해와 관련된 지도를 다양한 방식으로 제공한다. 하지만 내용이 너무 방대해서 공식 웹사이트(www.climatecentral.org)로 접속해서 원하는 정보를 얻기 어렵다. 아래 소개하는 방법으로 접근하면 해수면 상승과 관련된 정보에 쉽게 접근할 수 있다.

'Coastal Risk Screening Tool(coastal.climatecentral.org)' 페이지의 지도 검색창에서 주소를 입력하면 시간 경과, 해수면 상승 수준, 대기온도 상승 수준, 온실가스 감축 노력, 빙하 소실, 해수면 상승 예측 모델에 따른 침수 피해 지도를 확인할 수 있다.

'Picturing Our Future(picturing.climatecentral.org)' 페이지에 접속하면, 전 세계 각지 주요 명소의 모습이 온실가스 감축 노력에 따라 어떻게 변하는지 실사 사진, 3D 모델링, 영상 등을 통해 직관적으로 비교할 수 있다. 아쉽게도 클라이밋 센트럴 웹페이지에서는 한국 관련 영상을 찾을 수 없지만, 대신 그린피스 기후위기 페이지(climate.or.kr)를 방문하거나 유튜브에서 '2030 한반도 대홍수 시나리오'를 검색하면 클라이밋 센트럴 자료를 이용해 제작한 부산 해운대와 인천공항의 침수 피해 예상 영상을 볼 수 있다.

반면, 'Surging Seas(sealevel.climatecentral.org)' 페이지의 'Map&Tools' 메뉴를 통해 해수면 상승 지도에 접근하면, '대한민국' 관련 정보가 차단되기 때문에 다른 방식으로 접근할 것을 권한다.

기후위기는 결국
식량위기로 이어진다

10년 주기로 바뀌는 지역의 특산물

기후위기는 농업에도 큰 영향을 미친다. 기온과 강수량이
변하니 어쩌면 당연한 일이긴 하다. 장을 보면서 기후변화를
체감하게 될 수도 있다. 가장 충격적인 변화는 귤과 바나다.
내가 살고 있는 세종시의 지역 농산물 매장에 황금향, 레드향,
한라봉, 천혜향이 진열되어 있는 것을 보고 깜짝 놀랐다. 매장
에 진열되어 있는 감귤류들을 보면서 으레 제주산이려니 하고
지나치려는데, 생각해보니 여기는 세종시에서 생산한 농산물

만 판매하는 곳이 아닌가? 자세히 보니 모두 세종산이었다. 사실 이미 2년 전 대전시 지역 농산물 매장에서 대전산 천혜향이 판매되는 것을 보긴 했다. 하지만 세종에서까지 그것도 이렇게 다양한 감귤류가 출하되는 건 무언가 근본적인 변화가 진행되고 있다는 것을 뜻한다.

감귤류는 대표적인 아열대 작물이라 온대기후인 우리나라에서는 제주도에서만 재배할 수 있다는 것이 상식이었다. 하지만 이런 감귤류 재배가 제주도도 아니고, 남부지역도 아닌 중부지역에서 점점 더 확산되고 있다. 이제 교과서의 내용이 바뀌어야 할 판이다. 기존의 상식이 무너지는 것이다.

세종산 감귤류를 보면 양가감정이 든다. 지역에서 생산된 신선하고 맛 좋은 과일을 먹을 수 있어서 반갑지만, 본격화된 기후위기와 함께 찾아올 문제들이 떠올라 마음 한편이 무거워지기 때문이다. 몇 년 전 경남 진주에서 생산된 바나나를 봤을 때도 비슷한 감정이 들었다. 남미나 동남아시아에서 제대로 익지도 않은 채 수확해 운송 중 후숙된 바나나와는 비교할 수 없을 정도로 맛이 좋았다. 게다가 유기농이기까지 하다. 이렇게나 매력적인 지역 생산 바나나를 먹을 수 있어서 정말 반갑긴 했지만, 과연 이런 급격한 변화가 앞으로 어떻게 전개될지 걱정된다.

농촌진흥청은 2100년까지 10년 단위로 기후변화 속도를 감안해 농작물의 재배 가능 지역 정보를 제공하고 있다. 2022년 농촌진흥청은 현재와 같은 수준으로 온실가스가 배출될 경우 2100년이 되면 사과는 강원도 일부에서만 재배할 수 있고, 배와 복숭아, 포도는 2050년부터 재배 가능 지역이 급격히 감소하며, 단감은 2080년대까지는 재배 가능 지역이 점진적으로 증가하다 2090년대 이후 감소할 것으로 예상했다. 6대 과실류 중 유일하게 아열대 작물인 감귤만 재배 가능 지역이 지속적으로 증가해 남해안 일대는 물론 강원도 해안가에서도 감귤 재배가 가능할 것으로 예상했다.[2]

각 지역의 특산물이 수십 년마다 바뀌는 것이다. 이는 올해 성공한 작물이 내년에는 성공하지 못할 수 있다라는 의미이기도 하다. 기후위기가 본격화되고, 기후변동이 커질수록 농부들은 점점 도박을 하는 심정으로 농사를 지을 수밖에 없게 될 것이다. 그나마 한국은 기후 예측이나 변화된 기후에 적합한 작물 개발 등에 있어서 앞선 기술력을 가지고 있기 때문에 저개발 국가들에 비해 농업 성공 확률이 높을 순 있다. 하지만, 전 지구적 차원에서 농업 불안정성과 식량안보는 점점 심화될 수밖에 없다.

식량 가격이 폭등하고 식량위기가 찾아온다

실제로 유엔식량농업기구(FAO)에서 발표하는 세계식량가격지수는 2004년 65.6에서 2021년 125.8로 2배가량 상승했고, 2022년 1월에는 135.7로 또다시 최고치를 경신했다. 세계식량가격지수는 곡물, 유지류, 육류, 유제품, 설탕 등 55개 주요 농산물의 국가가격동향을 점검해 매월 발표하는 가격지수로, 2021년 곡물, 유지류, 육류, 유제품, 설탕의 가격은 2004년 대비 각각 2.1배, 2.4배, 1.6배, 1.7배, 2.5배로 상승했다. 식량 중 가장 중요한 곡물의 경우 옥수수는 아르헨티나, 브라질 등 남반구의 계속된 가뭄으로 인해, 쌀은 주요 공급국의 수확량 감소로, 밀은 캐나다, 러시아, 미국 등의 수확량 감소로 가격이 상승했다.

한국의 곡물자급률은 1970년 80.5퍼센트에서 2019년 21.7퍼센트로 지속적으로 감소하고 있다. 자급률 92.1퍼센트인 쌀을 제외하고 밀, 콩, 옥수수의 자급률은 각각 0.5퍼센트, 6.6퍼센트, 0.7퍼센트로 거의 전량 수입에 의존하고 있다. 기후위기로 전 세계 각지에서 가뭄, 홍수, 화재 등 각종 재해가 증가하고, 신종전염병이나 전쟁 등 기타 여러 사건이 발생해 식량 확보에 문제가 생기면 우리나라의 식량안보는 심각하게 위협받을 수밖에 없다.

영국 왕립 국제문제연구소인 채텀하우스(Chatham House)는
〈기후변화 위험 평가 2021(Climate Change Risk Assessment 2021)〉
보고서에서 글로벌 수요를 맞추려면 2050년까지 농업 생산량
을 거의 50퍼센트 늘려야 하지만, 극적으로 온실가스 배출량을
줄이지 않으면 수확량이 30퍼센트까지 감소할 수 있다고 경고
하고 있다.[3] 지금 당장 한국을 포함한 온실가스 배출 상위권 국
가들의 극적인 온실가스 감축 노력이 없다면, 식량위기는 기정
사실인 것이다.

기후위기로 인해 식량 생산이 감소하면 어떤 일이 발생할지
엿볼 수 있는 사건들이 이미 벌어지고 있다. 2020년 3월, 코로
나19 팬데믹으로 전 세계가 대혼란에 빠져 있을 때 러시아, 베
트남, 인도 등 일부 국가가 자국의 식량 수급 안정을 위해 곡물
수출 제한 조치를 발표했다. 2021년에도 러시아는 자국의 식품
가격 안정을 위해 밀 수출관세를 2배 부과했고, 아르헨티나도
자국의 식량 가격 안정을 위해 밀과 옥수수 수출을 제한했다.
국제 곡물 가격이 2022년 최고치를 경신한 이유가 바로 여기
에 있다. 쌀 이외의 곡물을 대부분 수입에 의존하고 있는 우리
나라는 곡물 가격변동에 특히 취약할 수밖에 없다. 그래도 한
국은 경제력이 있으니 비싼 가격이라도 식량을 확보할 여지가

있지만, 경제적 여력이 없는 국가들은 식량위기의 피해를 그대로 받을 수밖에 없다.

급격히 증가하는 기아와 영양실조

세계보건기구(WHO)와 식량농업기구, 유엔아동기금(UNICEF) 등 국제기구들이 공동으로 발표한 〈2021년 세계 식량안보 및 영양 현황(The State of Food Security and Nutrition in the World 2021)〉 보고서에 따르면 2020년 기아에 직면한 사람은 7억 2,000만~8억 1,100만 명으로, 2019년보다 1억 1,800만 명 급증했다.[4] 기아까지는 아니지만, 영양결핍 상태인 사람들도 전 세계 인구의 9.9퍼센트로, 2019년 8.4퍼센트에 비해 급격히 증가했다. 영양결핍 상태에 있는 사람들의 대부분은 아시아(4억 1,800만 명)와 아프리카(2억 8,200만 명)에 몰려 있다. 아프리카의 상황은 특히 심각하다. 5명 중 1명이(21퍼센트) 기아 상태로, 라틴아메리카 및 카리브해 지역(9.1퍼센트)과 아시아(9퍼센트) 등 다른 식량위기 지역보다 그 비율이 2배 이상 높고 상황이 더욱 악화될 것으로 예상된다. 최근의 이러한 기아 증가와 영양실조 감소 둔화의 주요 원인으로 분쟁과 경기침체와 더불어 기후위기가 지목된다. 기후 관련 재난이 식량가치사슬(Food Value Chain: 식량 생산에서 소비에 이르는 전 과정에 참여한 다양한 이해당사자들로 구성된 연결망) 전반에 걸쳐 심각한 영향을 미칠 수 있기 때문이다.

꿀벌이 사라져 생태계 서비스가 붕괴된다

한편 농업 생산성은 기후위기가 농작물에 미치는 직접적인 영향 외에 꿀벌에 미치는 영향으로 인해서도 크게 위협을 받을 수 있다. 2022년 초 제주와 남부지역을 중심으로 78억 마리의 벌들이 사라지면서 꿀벌들이 수정해주던 딸기 생산량도 감소했다. 2010년 한국 토종벌 65~99퍼센트가 폐사한 이후, 꿀벌(서양벌)도 지속적으로 감소해오던 터라 이제 꿀벌까지도 집단 폐사하게 되는 건 아닌지 위기감이 조성됐다. 계절에 맞지 않는 이상저온과 이상고온으로 꿀벌이 제대로 먹지도 못하고 충분히 쉬지도 못한 채, 꿀을 따러 벌집에서 나왔다가 돌아가지 못한 것이 주원인으로 지목된다. 여기에 바이러스, 해충, 살충제 등이 복합적으로 작용해 상황이 더욱 악화됐다.

벌들의 급격한 개체수 감소 현상은 유럽, 미국 등 전 세계 곳곳에서 관찰되고 있다. 전 세계 주요 작물 115개 중 87개는 벌을 비롯한 다양한 곤충과 동물이 꽃가루를 수정해주어야만 알곡과 열매를 맺는다. 이 농작물들이 전 세계 농업 생산량의 35퍼센트 정도를 차지하는 것으로 알려져 있다.[5] 꿀벌이 없을 경우 일부 과일과 씨앗류, 견과류는 수확량이 90퍼센트 감소한다는 보고도 있다.

꿀벌이나 나비, 파리, 설치류, 박쥐 등 다양한 생명체들의 도움 없이 수확량을 확보하기 위해서는 사람이 일일이 수정해야 하는데, 그 비용은 얼마나 될까? 하지만 그 정도 비용을 들인 후에도 벌과 나비 등이 수정해준 만큼 수확할 수 있을지 장담할 수도 없다. 이런 요인들이 농산물 가격에 반영된다면 인류는 식량위기와 그로 인한 사회적 갈등을 피할 수 없게 될 것이다.

이제라도 우리는 인류에게 무상으로 엄청난 혜택을 제공해준 다양한 생명체에 감사의 마음과 함께 정당한 대가를 지불해야 한다. 대가는 거창한 게 아니다. 그저 그들이 자신의 본성에 맞게 생활하고 번성할 수 있도록 환경을 보전하고 개선하는 것뿐이다. 우리에게 생태계 서비스를 제공해주는 다양한 생명체들의 권리를 인정하고, 정당한 대가를 지불할 때 비로소 우리의 생존도 보장받을 수 있다는 것을 기억해야 한다.

0.1도 차이가 우리 몸에 미치는 심각한 영향

인류가 직면한 가장 거대한 건강 위협

세계보건기구는 2021년 개최한 제26차 유엔 기후변화협약 당사국총회(COP26)를 앞두고 '건강한 기후 처방(Healthy Climate Prescription)'이라는 전 세계 보건의료계의 긴급 성명을 발표했다. 그리고 성명 발표에 그치지 않고, 인류의 건강과 생존을 위해 지구의 기온 상승을 1.5도 미만으로 제한하는 기후행동에 돌입할 것을 강력히 촉구했다. 인류의 건강과 안녕을 책임지는 보건의료 전문가들의 조직으로서 세계보건기구는 코로나

19 대유행보다 훨씬 더 치명적이고, 오래 가며, 빠르게 성장하는 이 위기에 대해 목소리를 내야 하는 윤리적 의무가 있기 때문이다.

인류는 이미 기후변화를 주도하는 화석연료 연소로 인한 대기오염으로 매년 700만 명 이상이 조기사망하고 있다. 분당 13명에 달하는 수치다. 여기에 더해, 화석연료 연소에 의한 날씨와 기후변화는 식중독, 수인성 질병, 매개체 전파 질병을 증가시킨다. 또한 앞서 살펴보았듯이 폭염, 폭풍, 홍수 등의 극단적 기상현상도 점점 더 빈번하게 만들어 매년 수천 명이 사망하고, 수백만 명이 피해를 입게 한다. 그뿐만 아니라 극단적 날씨로 식량 체계가 점점 더 혼란스러워지면서 식량 불안정, 기아, 영양실조 또한 악화되고 있다. 특히 산불, 홍수, 해수면 상승과 같은 재난은 집과 삶의 터전을 파괴해 사람들의 건강에 필수적인 조건들을 악화시키고, 막대한 재산상 손실을 초래해 외상후스트레스장애와 불안을 유발하는 등 정신 건강에도 심각한 영향을 미친다.

단일 요인으로 기후위기는 인류가 직면한 가장 거대한 건강 위협이다. 이미 대기오염, 질병, 기상이변, 강제 이주, 식량 불안정, 정신 건강에 대한 압박 등 환경적 요인으로 인해 매년 약 1,300만 명이 목숨을 잃고 있다. 세계보건기구는 현재의 추세가 지속될 경우, 기후위기로 인해 2030년부터 2050년까지 매년 25만 명이 추가로 사망할 것이라고 발표했다. 또한 건강과 관련된 직접적인 치료 비용만 2030년까지 매년 20~40억 달러(약 2~5조 원 이상)가 추가로 발생할 것으로 예측했다.

기온이 0.1도 단위 변화해도 건강에는 확연한 영향을 미친다. 지난 50년간 인류가 이룩한 경제발전, 건강상태 개선, 빈곤 감소 등의 성과를 무너뜨리고, 건강 불평등을 확대할 거대한 위협이 아닐 수 없다.

먹는 물도 더 이상 안전하지 않다

한국처럼 보건의료 인프라와 상하수도, 홍수 관리 시스템이 잘 갖춰진 국가에서는 세계보건기구에서 언급한 문제들이 실감나지 않을 수 있다. 하지만 극단적 기상현상의 파괴력이 점점 더 강력해지고, 해수면 상승이 본격화되고, 기후변화로 인한 미생물과 모기, 진드기 등 매개체의 활동이 변하기 시작하면 어떤 일이 벌어질지 알 수 없다.

2020년 여름 인천시를 비롯한 여러 지역의 수돗물에서 유충이 발견되는 사건이 발생했다. 정수장의 '활성탄 흡착지(분말 형태의 활성탄을 활용한 정수 목적의 시설)'에 유입된 깔따구가 번식을 한 게 원인으로 밝혀져 깔따구 유입 차단 시설을 보완하고, 여름철 청소 주기를 단축하는 등의 조치가 이뤄졌다. 하지만 앞으로 기온이 상승해 깔따구의 번식기간이 더 길어지면, 유사한 사건이 자주 발생하고 관리 비용도 증가할 것이다.

기온 상승은 미생물 활동도 더욱 왕성하게 만든다. 상수원의 녹조현상은 해가 갈수록 심해지고 있다. 녹조현상을 유발하는 남세균(세균 중에서 유일하게 산소를 발생하는 광합성 세균)은 매우 강력한 간독성물질인 마이크로시스틴을 비롯해 다양한 독성물질을 만들 수 있어서, 녹조가 발생한 상수원의 물을 수돗물로 이용하려면 수백억 원의 관리비가 드는 고도정수처리시설이 필요하다. 브라질에서는 마이크로시스틴에 오염된 물이 투석에 이용돼 수십 명이 사망하는 사고가 발생하기도 했다. 그뿐만 아니라 녹조현상이 악화되면 고도정수처리시설의 한계를 넘어설 수도 있다. 고도정수처리시설의 한계농도는 수백 피피비(ppb) 수준이지만, 녹조가 심한 강물의 마이크로시스틴 농도는 수천 피피비(ppb) 수준에 달하기 때문이다. 기후위기가 심화되면 식수 안전을 장담할 수 없는 상황이다.

또 수영 등 수상레저활동 과정에서 녹조에 오염된 강이나 저수지의 물을 무의식적으로 섭취하거나, 녹조에 오염된 물에서 자라 체내에 독성물질이 축적된 민물고기를 섭취하게 될 경우 심각한 건강 문제가 발생할 수 있다. 2022년 2월에는 녹조에 오염된 낙동강과 금강 물을 농업용수로 사용한 논과 밭에서 재배된 쌀과 배추, 무에서도 정자 수 감소 및 난소 독성을 초래할 수 있는 수준의 마이크로시스틴이 검출됐다는 연구 결과가 발표되기도 했다.[6] 또한 지하수에서도 마이크로시스틴이 검출됐는데, 이는 강물의 독소가 지하수까지 스며들었다는 것을 뜻한다.

급증하는 폭염과 말라리아 환자

기후위기로 인해 온열질환도 당연히 증가한다. 응급실 감시체계에 따르면 2021년 온열질환 환자는 1,376명이었고, 사망자는 20명이었다. 온열질환 사망자가 48명에 달했던 2018년의 폭염일수는 31일로 2021년 11.8일에 비해 2.6배나 많았다. 앞으로 폭염일수가 증가하면 그 피해도 비례해서 증가할 가능성이 높다. 두 달간 7만 명의 사망자가 발생한 2003년 유럽의 폭염은 아무리 의료시스템이 잘 갖춰진 국가라도 기후위기로 인해 엄청난 희생자가 발생할 수 있다는 사실을 보여줬다.

한편 1983년에 우리나라에서 근절됐던 말라리아는 1993년 다시 발생하기 시작해 현재 매년 200~700명 수준으로 환자가 발생하고 있다. 기후위기로 인해 증가할 것으로 예상되는 대표적인 감염성 질환인 말라리아는 우리나라에서도 증가할 것으로 예상된다. 2014년 발표된 연구 결과에 따르면, 기온이 1도 상승하면 말라리아 발생 위험이 서울, 경기, 인천, 강원 각각 10.8퍼센트, 12.7퍼센트, 14.2퍼센트, 20.8퍼센트 증가할 것으로 예측됐다.[7]

꽃가루가 새로운 대기오염물질이 된다

꽃가루로 인한 알레르기질환 피해 또한 기후위기와 함께 악화될 것으로 예상된다. 향후 화석연료 사용이 감소해 배기가스와 미세먼지가 줄어들면, 대기 중 주된 오염물질은 꽃가루가 될 가능성이 높다. 대기 중 이산화탄소 농도가 높아지고 강수량이 증가하면, 꽃가루 생산량과 꽃가루가 날리는 기간도 늘어나고, 꽃가루 단백질의 알레르기 촉발 능력도 커진다. 또한 풀과 나무의 식생 변화에 따라 대기 중 꽃가루 분포도 역동적으로 변하게 된다. 기온이 상승하면 꽃가루로 인한 알레르기 비염이 증가하고, 폭우와 태풍으로 꽃봉오리가 일찍 터지면서 강풍에 꽃가루가 더 넓게 확산돼 중증 천식 환자가 더 많이 발생한다는 보고도 있다. 꽃가루뿐만 아니라 진균포자도 기후위기와 함께 증가해 이에 대한 알레르기 반응도 늘어나고 있다.

한국의 경우 지난 수십 년간 각종 꽃가루 알레르기질환이 증가하고 있다.[8] 봄철에는 참나무, 느티나무, 측백나무, 자작나무 등의 꽃가루가, 가을철엔 환삼덩굴, 쑥, 돼지풀, 잔디 꽃가루 등의 꽃가루가 주로 알레르기 반응을 일으킨다. 지금과 같은 수준으로 온실가스가 배출되면 미국의 경우 21세기 말엔 봄철 꽃가루 발생이 40일 앞당겨지고, 가을철 꽃가루 종료 시점이 15일 늦어져 총 꽃가루 발생량이 40퍼센트 증가할 것이라는 연구 결과를 발표하기도 했다.[9] 한국에선 아직 관련 연구가 부족하지만, 비슷한 변화가 있을 것으로 예상된다. 현재 알레르기 비염, 천식과 같은 꽃가루 관련 호흡성 알레르기질환은 전 세계 인구의 30퍼센트에 영향을 미치고 있다. 의료비는 물론 결근, 결석, 조기사망과 같은 막대한 사회적 비용도 초래하는 중이다. 본격화된 기후위기와 함께 알레르기질환 관련 피해 또한 급격히 증가할 것으로 예상된다.

지금까지 우리는 보건의료 및 사회 인프라가 잘 갖춰진 한국에 살면서 기후위기로 인한 직접적인 건강 영향을 실감하기 어려웠다. 하지만, 지구상의 어떤 사람도 기후위기가 촉발하는 건강 영향에서 안전할 수 없다. 기후위기 본격화에 따라 앞으로 한국에서도 극단적 기상현상에 의한 직접적인 손상 및 사망, 온열질환, 호흡기질환, 알레르기질환, 수인성질환 및 기타 물 관련 건강 영향, 인수공통감염병, 매개체 전파 질환, 영양실조 및 음식 매개 질환, 심뇌혈관질환과 같은 비감염성질환, 정신질환 등 기후에 민감한 수많은 건강 문제로 인해 괴로워하는 희생자가 점차 늘어날 것이다.

기후불평등으로 건설될
또 다른 식민지

저개발 국가에 집중된 희생

세계보건기구는 기후위기로 인한 피해가 온실가스 배출을 적게 해온 사람들에게 집중되는 모순적인 상황에 대해 우려하고 있다. 산업혁명 이후 엄청난 온실가스를 배출하면서 사회 및 보건의료 인프라를 구축해놓은 국가들은 기후위기로 인한 재앙에 보다 적절하게 대처할 수 있다. 하지만, 사회 및 보건의료 인프라를 구축할 만큼 자원을 투자하지 못하고, 온실가스도 적게 배출해온 국가의 사람들은 기후위기로 인해 겪게 될 재앙을 맨몸으로 맞닥뜨릴 수밖에 없기 때문이다.

독일의 비영리단체인 저먼워치(Germanwatch)는 태풍, 홍수, 폭염 등 극단적 기상현상으로 인한 피해를 '기후위험지수(Climate Risk Index)'로 지표화했다. 이 기준으로 살펴보면, 2000년부터 2019년까지 20년간 가장 큰 피해를 입은 국가는 푸에르토리코, 미얀마, 하이티, 필리핀, 모잠비크 등이다.[10] 이 국가들의 2018년 1인당 연간 온실가스 배출량은 0.2~2.2톤 수준에 불과하다.[11] 반면에 2018년 1인당 온실가스를 가장 많이 배출한 상위 5개 국가인 호주, 캐나다, 사우디아라비아, 미국, 러시아는 온실가스를 10배가 넘는 수준으로 17.6~24.6톤 배출함에도 피해는 31~111위 수준에 불과했다. 한국은 2018년 1인당 온실가스 배출량이 13.9톤으로 전 세계 6위였지만, 기후위기로 인한 피해 순위는 91위에 불과했다. 엄청나게 온실가스를 배출하며 각종 사회 인프라를 구축해놓은 덕분이다.

전 세계 아동의 절반이 위험하다

온실가스 배출량과 실제 피해의 격차는 미래 세대에 초점을 맞출 때 더욱 극명하게 벌어진다. 유엔아동기금은 2021년 〈기후위기는 아동권리 위기)라는 보고서에서 홍수, 폭염, 대기오염 등 기후 위험 요인들뿐만 아니라 아동의 영양, 교육, 위생 등 아동 취약성 요인들까지 고려한 보다 포괄적인 '아동기후위험지수(Children's Climate Risk Index, CCRI)'를 발표했다.[12] 아동기후위험지수 상위 10위에 포함되는 국가들의 온실가스 배출량은 전 세계 배출량의 0.55퍼센트에 불과한 반면, 인구수는 5억 명에 달한다. 아동기후위험지수를 기준으로 아동의 기후 위험이 극도로 위험한 33개 국가에 살고 있는 아동은 10억 명에 이른다. 이는 전 세계 아동 22억 명의 절반에 가까운 수치다. 기후위기는 명백한 아동 권리의 위기다. 그리고 그 위기는 기후위기에 책임이 없는 저개발 국가에 집중되어 있다. 아동 권리의 관점에서 바라보면, 기후위기의 부조리와 불평등 문제가 더욱 분명하게 드러난다. 아동의 절반이 극도로 위험한 위기 상태에 놓여 있는 상황을 우리가 심각하게 받아들이지 않는다면, 인류가 지금까지 이룩한 문명은 단절과 붕괴를 피할 수 없을 것이다.

박탈당하는 미래 세대의 탄소 예산

기후위기로 인한 불평등은 세대 간에도 발생한다. 파국적인 기후재앙을 피하기 위해서는 지구의 평균기온이 산업화 이전보다 1.5도 미만으로 상승해야 하는데, 이를 위해서는 2050년까지 전 세계가 온실가스 순 배출 제로(Net Zero)에 도달해야 한다. 이는 필연적으로 미래 세대가 배출하는 탄소 양의 제한을 뜻할 수밖에 없다. 영국의 기후위기 단체인 카본브리프(Carbon Brief)는 기온 상승을 1.5도 미만으로 제한하기 위해 연도별로 줄여나가야 할 탄소량을 바탕으로 세대별 허용되는 '탄소 예산'을 계산했다. '탄소 예산(Carbon Budget)'은 누군가가 85세까지 생존한다고 했을 때, 평생 동안 배출할 수 있는 탄소량을 뜻한다. 본격적으로 탄소배출이 제한되는 미래에 생의 대부분을 살게 될 세대에겐 그 양이 줄어들 수밖에 없는 것이 현실이다.

가령 전 세계 평균으로 계산했을 때, 1950년에 태어난 사람은 85세까지 살면서 333톤의 탄소를 배출할 수 있었다. 하지만 2017년에 태어난 사람이 앞으로 85세가 되는 2102년까지 산다면 허용된 배출량은 43톤이다.[13] 1950년생과 비교했을 때 2017년생의 탄소 예산은 무려 7.7분의 1로 줄어드는 것이다.

탄소 예산 격차는 그동안 탄소를 얼마나 많이 배출해왔느냐에 따라서도 달라진다. 그간 온실가스를 대량으로 배출해온 미국의 경우, 1950년생은 1,521톤을 배출할 수 있었지만, 2017년생은 197톤만 배출해야 한다. 세계 평균과 동일하게 7.7분의 1로 줄여야 하지만 그 격차는 무려 1,324톤에 달한다. 이는 엄청난 충격이 아닐 수 없다. 반면 인도의 경우 1950년생 64톤에서 2017년생 13톤으로 4.9분의 1로 탄소배출을 줄여야 하지만, 절대적인 양은 51톤으로 그 충격이 상대적으로 적다. 카본브리프에서 분석한 예시에 한국은 포함되어 있지 않지만, 1인당 연간 탄소배출이 한국과 유사한 러시아의 예를 통해 살펴보면, 2017년생의 탄소 예산은 98톤이다. 2018년 한국인 한 명이 12.2톤의 온실가스를 배출하고 있는 것을 감안하면, 2017년생은 8살이 되면 허용된 탄소를 모두 소진해버리게 된다. 1.5도 미만 기온 상승 제한을 달성하려면 말이다.

이는 기성세대의 상식과 가치관이 미래 세대에게는 전혀 적용될 수 없다는 것을 뜻하기도 한다. 재산이 10분의 1로 줄어들었는데, 과거처럼 흥청망청 쓸 수는 없는 노릇이니 말이다. 더 늦기 전에 미래 세대에게 이 절망적인 현실을 알리고, 궁핍한 탄소 예산 상태에서 어떻게 살아갈 것인지 그들 스스로 결정하도록 해야 한다. 그리고 기성세대는 미래 세대의 결정을 존중해주고 따라가야 한다. 기후위기 시대에 걸맞은 새로운 민주주의 모델이 필요한 순간이 찾아오지 않을까도 싶다.

지금 한국인처럼 살면 3.86개 지구가 필요하다

2021년 7월 유엔무역개발회의(UNCTAD)는 한국의 지위를 개발도상국에서 선진국으로 변경했다. 개발도상국에서 선진국으로의 지위 변경은 최초 사례다. 세계 10대 경제 규모이자, 1인당 국민총소득이 3만 달러 이상이면서, 인구 5,000만 명 이상인 '30-50클럽'의 일곱 번째 국가가 된 한국을 더 이상 개발도상국이라 부를 수는 없었을 것이다.

한국의 엄청난 발전 속도는 생태발자국의 급격한 변화로도 확인할 수 있다. 생태발자국은 생활을 위해 필요한 자원의 생산과 폐기에 드는 비용을 토지로 환산한 지수를 말하는데, 한국의 생태발자국은 전 세계 모든 사람이 한국인처럼 살아갈 때 필요한 지구의 개수로 표현할 수도 있다.

국제생태발자국네트워크(Global Footprint Network)의 분석에 따르면, 한국이 유엔무역개발회의에 가입한 1964년 한국의 탄소발자국은 지구가 0.29개 필요한 수준이었다. 하지만, 2017년엔 지구가 3.86개 필요한 수준으로 53년간 13.3배 증가했다.[14] 이 중 식단의 생태발자국은 지구 2.3개 수준으로 전체 생태발자국에서 차지하는 비중이 상당하다는 것을 알 수 있다.[15] 한국의 생태발자국이 지구 1개였던 때는 1978년으로, 이미 그 시절부터 한국인은 지속가능하지 않은 방식의 생활을 해왔다. 지금은 그때보다 3.86배나 더 지속가능하지 않은 삶을 살고 있는 것이다.

이런 상황에서 우리는 과연 어떤 선택을 해야 할까? 두 가지 선택이 있을 수 있다. 하나의 선택은, 우리는 지금처럼 생활하면서 우리나라 인구의 4배 정도 되는 2억 명의 사람들에게 지구가 0.29개 필요한 수준의 열악한 생활을 강요함으로써 우리나라가 관할하는 전체 지역의 생태발자국 평균을 지구가 1개 필요한 수준으로 맞추는 것이다. 현재 '에리트리아'라는 나라의 생태발자국이 지구가 0.32개 필요한 수준으로 가장 낮고, 북한의 생태발자국이 0.49개라는 것을 감안하면 0.29라는 수치가 어느 정도 수준인지 짐작할 수 있을 것이다. 한마디로 방대한 식민지를 건설해 노골적인 차별을 강요하면서 특권을 누리는 선택이다.

또 다른 선택은, 우리의 삶을 지구가 1개 필요한 수준으로 바꿔나가는 것이다. 미래 세대의 제한된 탄소 예산을 감안하면 우리의 선택은 자명하다. 남은 고민은 어떤 속도로 지구 1개 수준의 생태발자국에 도달할 것이냐다. 단기간에 선진국 반열에 오른 우리의 우수한 역량을 이제 제한된 탄소 예산에 적응하고, 생태발자국을 줄이는 데 집중한다면 전 세계가 참고할 만

한 분명한 성과를 낼 수 있으리라 생각한다. 물론 결코 쉬운 도전이 아니다. 하지만 피할 수 없는 도전이고, 반드시 성공해야 할 도전이다. 이 과정에서 우리의 미래 세대는 자연스럽게 더 적은 탄소 예산, 더 적은 생태발자국에서도 잘 살아갈 수 있게 될 것이다. 그뿐만 아니라 지속가능한 지구와 인류의 공존을 위해 진정한 리더십을 발휘할 수 있게 될 것이다.

히말라야 만년설과 기후난민

영화 히말라야는 조난당한 동료의 시신을 찾기 위해 만년설로 뒤덮인 산을 오르는 원정대의 역경을 감동적으로 그려냈다. 하지만, 히말라야의 상징과도 같은 만년설이 사라지고 있다. 2021년 12월에 발표된 새로운 연구 결과에 따르면 히말라야 빙하 면적이 400년 전에 비해 최소 40퍼센트 이상, 빙하의 양으로는 390~586평방킬로미터가 감소했다. 그리고 최근 수십 년간 빙하가 사라지는 속도는 과거에 비해 10배 빨라졌다.[16] 영화에서나 만년설을 추억하게 될 날이 머지않은 것이다. 우리는 만년설이 사라진 히말라야를 상상할 수 있을까? 눈을 뜻하는 히마(Hima)와 거처를 뜻하는 알라야(Alaya)가 합쳐진 히말라야는 만년설 그 자체다. 만년설이 사라지면, 말 그대로 히말라야가 사라지는 것이다.

하지만 이런 변화는 멋진 광경이 사라지는 것 이상의 거대한 재앙이다. 8,000미터의 봉우리 14개가 모여 있어 '세계의 지붕'이라고도 불리는 히말라야는 황하, 양쯔강, 갠지스강, 인더스강, 메콩강 등 아시아의 주요 강에 물을 공급하는 '아시아의 배수탑' 역할을 하고 있기도 하다. 히말라야는 추운 계절에 물을 얼려 산 정상에 저장해뒀다가 따뜻한 계절이 오면 강으로 물을 흘려보내 생명을 키워왔다. 이렇게 히말라야를 젖줄 삼아 살아가는 사람들이 13억 명에 달한다. 이런 빙하가 무서운 속도로 녹아내리면 과연 어떤 일이 벌어질까?

과거보다 10배나 빠른 속도로 빙하가 녹으면서 홍수 피해가 증가하고 있다. 실제로 2021년 2월 인도 북부 히말라야 산맥의 난다데비 산에서 빙하가 강에 떨어지면서 '쓰나미' 같은 급류가 발생해 200명이 실종되는 참사가 발생했다. 또한 빙하 감소로 농업용수가 부족해지면서 식량 생산이 감소하고, 수력발전이 어려워져 에너지 생산도 줄어들 것으로 예상된다. 아울러 빙하가 사라지면 계절풍도 영향을 받아 이전에 경험한 적 없는 기상이변이 더 많이 발생하게 될 것이다. 이 모든 일이 앞으로 수십 년 사이에 본격적으로 벌어지게 될 것이다.

이런 위기를 겪게 될 13억 명의 사람들은 과연 어떤 선택을 할까? 새로운 안식처를 찾아 이주할 수밖에 없을 것이다. 그중 일부는 국경 너머 더 안전한 곳을 찾아 나서는 '기후난민'이 될 것이다. 조상 대대로 살아온 땅을 등지고 새로운 보금자리를 찾을 거라면, 국경을 넘더라도 보다 안전한 곳을 선택하고 싶을 것이다. 그렇다면 이들은 어떤 나라를 선택할까? 아시아의 어느 나라가 기후위기 상황에서 그나마 안전할까? 나는 한국이 기후난민들의 선택을 받게 될 가능성이 매우 높다고 생각한다. 그간 엄청난 자원을 투자하고, 다량의 온실가스를 배출하며 건설한 한국의 사회 인프라는 전 세계 누구에게나 매력적일 것이다. 하지만 과연 우리는 대량의 기후난민을 받아들일 준비가 얼마나 되어 있을까? 2018년 제주도 예멘 난민사태로 우리 사회의 민낯을 볼 수 있었다. 기후위기는 우리에게 기후난민이라는 거대한 과제를 던질 것이다. 지금과 같이 배타적인 태도를 유지할 것인가? 공존의 길을 모색할 것인가? 히말라야 빙하의 소실 속도가 10배 빨라진 만큼, 우리의 고민 속도도 10배는 더 빨라져야 할 것이다.

2부

음식으로
지구를
구한다

'당신이 먹는 음식이 당신이다(You Are What You Eat)'라는 말이 있다. 즉, 어떤 음식을 먹느냐에 따라 우리 몸이 달라진다는 것이다. 하지만 우리가 먹는 음식은 우리 자신뿐만 아니라 우리가 사는 지구도 만든다. 17세기 때 소금에 절인 청어는 네덜란드를 해양 강국으로 만들어 대항해시대, 식민지 쟁탈전의 서막을 열었다. 비슷한 시기에 과거 부유층의 전유물이었던 설탕 수요 폭증은 아프리카 노예무역과 노예에 의존한 남미 및 카리브해 지역에 사탕수수 플랜테이션을 폭발적으로 증가시켰다. 만약 17세기에 유럽인들이 청어와 설탕을 먹지 않았다면 우리는 오늘날의 지구와 전혀 다른 지구에서 살고 있을지도 모른다.

그렇다면 21세기는 어떨까? 지난 수십 년간 주로 경제가 발전한 국가를 중심으로 동물성 식품과 식물성 기름, 설탕 섭취가 기하급수적으로 증가했다. 특히 과거 부유층의 전유물로 여겨졌던 고기에 대한 수요가 급증하면서, 숲이 파괴되고, 가축들의 분뇨와 화학비료, 농약, 항생제에 의해 땅과 강, 바다가 오염되고, 대기 중 온실가스도 감당할 수 없을 정도로 많아졌다. 많은 이들이 온실가스 하면 화석연료만을 떠올리지만, 우리들이 즐겨 먹는 음식의 생산

과정에서도 막대한 양의 온실가스가 배출된다. 21세기 들어서 음식이 지구에 미치는 영향은 그 크기와 속도 면에서 인류 역사상 가장 거대해졌다. 이는 큰 위협이지만, 동시에 기회이기도 하다. 우리가 현명하게 음식을 선택하면 우리 자신뿐만 아니라 지구도 매우 신속하게 건강한 방향으로 바뀔 수 있기 때문이다. 21세기인 지금, 과연 어떤 음식들을 먹지 않기로, 혹은 더 많이 먹기로 결심할 때 우리의 미래가 달라질 수 있을까?

전기차보다 식단을
바꾸는 게 먼저다

숲을 지키는 강력한 방법

지난 2021년 11월 2일, '제26차 유엔기후변화협약 당사국총회'에서는 '산림 및 토지이용에 관한 글래스고 정상선언'을 발표했다. 133개 정상들이 서명한 이 선언은 2030년까지 산림 손실 및 토지 황폐화를 막고, 산림복원을 위해 함께 노력한다는 내용이 담겨 있다.[1] 그동안 우리는 온실가스 감축을 위해 재생 가능 에너지, 전기차, 수소차 등의 얘기만 들어왔던 터라, 당사국총회의 '산림 손실 감소, 산림복원' 선언이 낯설게 느껴질 수 있을 것이다. 하지만, 기후위기로 인한 재앙이 본격화되면서 산림보존과 복원의 중요성이 더욱 강조되고 있다. 산림이 살아 있어야 대기 중 이산화탄소를 흡수할 수 있기 때문이다. 기후 위기의 속도가 너무나 빨라 탄소배출을 줄이는 것뿐만 아니라 탄소흡수를 병행해야만 한다는 걸 각국 정상들이 인식하기 시작한 것이다.

실제로 2021년 당사국총회는 참여 국가들에게 '2050년 온실가스 순 배출 제로 달성'을 위한 2030년까지의 대담한 탄소배출 감축 목표를 세우고, 목표 달성을 위해 ① 탈석탄 가속화 ② 산림 손실 감소 ③ 전기차로의 전환 가속화 ④ 재생에너지에 대한 투자 장려 등을 촉구했다. 그간 주목받지 못했던 산림 손실 문제가 두 번째 순서로 언급된 것이다.

그동안 우리가 화석연료에만 관심을 쏟는 동안에도 과학자들은 지속적으로 토지이용 방식, 산림보존의 중요성을 강조해 왔다. 전 세계 학계·정부·산업 부문에서 기후변화와 관련한 모든 사항에 표준 참고자료로 활용되는 보고서를 발표하는 '기후변화에 관한 정부간 협의체(IPCC)'는 2019년 8월 〈기후변화와 토지〉라는 특별보고서를 발표했다.[2] 이 보고서는 전 세계 모든 인류가 고기, 생선, 달걀, 우유 등 동물성 식품을 전혀 섭취하지 않고 식단을 순 식물성으로 바꾸면, 즉 완전 채식인 비건 식단으로 바꾸면, 2050년까지 매년 약 80억 톤의 온실가스를 줄일 수 있을 것으로 추정했다(그림 1 참조). 2018년 배출한 전체 온실가스양이 459억 톤인 것을 감안하면, 전체 온실가스의 17.4퍼센트가 동물성 식품 섭취를 위해 발생하고 있는 것이다. 도로, 비행, 선박, 철도 등 모든 운송수단에서 발생하는 온실가스가 전체의 16.2퍼센트 수준인 것을 생각하면, 차량을 전기차로 바꾸려는 노력 그 이상으로 식단을 순 식물성으로 바꿔야 하는 것이다.

산림 파괴의 양날의 검, 축산과 식용유

그렇다면 왜 이렇게 동물성 식품을 먹을 때 온실가스가 많이 발생할까? 가축 사육을 위해 숲이 파괴되고 있기 때문이다. 2011년부터 2020년까지 10년간 인간이 배출한 이산화탄소의 28퍼센트를 숲이 광합성을 통해 흡수해왔는데,[3] 숲이 사라지면서 그만큼 대기에 남는 이산화탄소가 증가하게 된 것이다. 이렇게 육지의 숲이 흡수하는 탄소를 그린카본(Green Carbon)이라 부르기도 한다. 2007년부터 2016년 사이에 산림 손실로 매년 증가한 이산화탄소, 즉 손실된 그린카본의 양은 49억 톤에 달

[그림 1] 식단 변화에 따른 온실가스 감축 효과

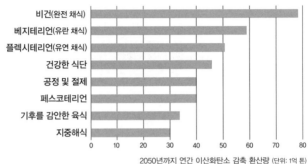

2050년까지 연간 이산화탄소 감축 환산량 (단위: 1억 톤)

- **비건(완전 채식)** : 모든 동물성 성분을 배제한 순 식물성 식단
- **베지테리언(유란 채식)** : 달걀과 유제품을 허용하는 채식 식단으로, 한 달에 1번 가량 육류나 생선, 해산물 등을 먹기도 함
- **플렉시테리언(유연 채식)** : 고기나 유제품의 75%를 식물성 식품으로 대체하지만, 동물성 단백질을 소량 섭취하고, 육류 섭취는 일주일에 1회 수준으로 줄인 식단
- **건강한 식단** : 현재 권장되는 식이 지침에 따라 붉은 육류, 설탕, 유제품을 줄이되 적당한 칼로리로 모든 음식을 골고루 섭취하는 식단
- **공정 및 절제** : 하루에 섭취하는 칼로리는 유지하되, 동물성 식품 섭취를 상대적으로 줄인 식단
- **페스코테리언** : 생선 및 해산물을 포함하는 베지테리언 식단
- **기후를 감안한 육식** : 소, 양 등 반추동물 고기와 유제품의 75%가량을 다른 종류의 고기로 대체한 식단
- **지중해식** : 채소, 과일, 곡물, 기름, 설탕, 달걀, 유제품 및 소량의 가금류, 돼지고기, 양고기, 소고기 등으로 구성된 식단

- 출처: 〈Climate Change and Land〉(IPCC, 2019) 보고서에서 재인용

한다. 현재 인류는 빙하나 사막 등 불모지를 제외하고, 지구 지표면의 71퍼센트를 이용하고 있다. 그리고 인간이 이용하는 지표면의 37퍼센트가 숲이고, 50퍼센트가 농지다. 그런데 이 농지의 77퍼센트가 가축용 방목지와 가축 사료를 위해 사용되고 있고, 23퍼센트만이 인간이 직접 먹기 위한 작물을 위해 사용되고 있다. 하지만 농지의 77퍼센트를 사용해 생산한 육류와 우유, 달걀 등 동물성 식품은 인류가 섭취하는 칼로리의 단 18퍼센트만을 제공하고, 나머지 82퍼센트의 칼로리는 농지의 23퍼센트만을 이용하여 생산한 식물성 식품이 제공하고 있다(그림 2 참조).

만약 인류가 동물성 식품에서 얻고 있는 18퍼센트의 칼로리마저 식물성 식품에서 섭취하려면, 인간을 위해 식물성 작물을 경작하는 농지의 면적을 23퍼센트에서 28퍼센트로 5퍼센트 포인트만 더 늘리면 된다. 23퍼센트의 농지에서 82퍼센트의 칼로리를 생산할 수 있으니, 5퍼센트만 더 경작하면 남은 18퍼센트의 칼로리를 더 생산할 수 있기 때문이다. 그러면 현재 인간이 경작하는 농지의 70퍼센트 가량을 숲과 자연으로 되돌려 대기 중 이산화탄소를 큰 폭으로 감소시킬 수 있는 여력이 생긴다.

현재 산림이 지속적으로 파괴되고 있는 건 1961년 이후 1인당 식물성 기름과 육류 섭취가 2배 증가한 것과 관련이 있다. 팜유, 대두유, 유채씨유 등 식물성 기름과 고기와 동물성 식품 섭취가

[그림 2] 전 세계 토지 이용과 식품 생산

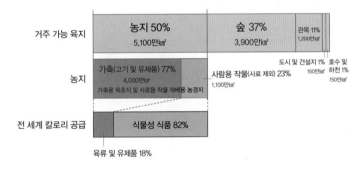

거주 가능 육지

농지 50%
5,100만㎢

숲 37%
3,900만㎢

관목 11%
1,200만㎢

도시 및 건설지 1% 150만㎢
호수 및 하천 1%
150만㎢

농지

가축(고기 및 유제품) 77%
4,000만㎢
가축용 목초지 및 사료용 작물 재배용 농경지

사람용 작물(사료 제외) 23%
1,100만㎢

전 세계 칼로리 공급

식물성 식품 82%

육류 및 유제품 18%

• 출처: UN FAO, OurWorldinData.org

늘면서 산림이 농지로 바뀌게 된 것이다. 현재 아마존 밀림을 비롯한 동남아시아와 아프리카 지역의 열대우림이 2002년부터 2019년 사이에 3분의 2가 사라졌다. 열대우림의 70퍼센트를 차지하는 아마존 밀림의 경우 파괴되는 숲의 80퍼센트가량이 축산과 관련 있다. 증가하는 식용유 수요를 충족하기 위해 1961년부터 2018년 사이에 식용유 생산을 위해 사용하는 토지 면적도 3배가량 증가했다. 이로 인해 인도네시아와 말레이시아의 열대우림이 파괴되고 그 자리에 팜유 농장이 들어서고 있다.

경제 수준 향상과 함께 육류 및 동물성 식품과 식용유 수요가 증가하면서 숲은 파괴될 수밖에 없다. 인류가 이용할 수 있는 지표면이 제한되어 있기 때문이다. 한국만 하더라도 1961년부터 2019년 사이에 경제발전과 함께 육류는 18.9배, 우유 및 유제품은 19배, 식용유는 51.5배 섭취가 증가했다.[4] 전 세계 평균을 9~25배 초과할 정도로 산림 손실과 관련된 음식 소비가 엄청나게 증가한 것이다.

사료와 식용유는 함께 생산된다

한편 식물성 기름 중 대두유는 특히 축산업과 밀접한 관련이 있다. 기름을 짜고 난 부산물인 대두박이 가축 사료로 쓰이기 때문이다. 현재 전 세계 대두 수확량의 77퍼센트가 사료로, 13.2퍼센트는 식용유 생산을 위해 쓰이고 있다. 사용량이나 매출을 기준으로 보면 가축 사료가 주산물이고, 식용유가 부산물에 가깝다(그림 3 참조). 이렇게 가축 사료와 식용유 둘 다를 통해 수익을 올릴 수 있게 되면서 가축 사료와 식용유는 과거보다 저렴하게 판매할 수 있게 됐다. 그 결과 현대인, 특히 선진국 국민의 동물성 식품과 식물성 기름 섭취는 모두 급격하게 증가했다. 현재 사료로 사용하는 대두의 48퍼센트는 닭고기, 26.2퍼센트는 돼지고기, 7.3퍼센트는 양식어류를 생산하기 위해 사용되고 있다. 이런 변화는 한국의 식품 섭취량 변화에서도 확인할 수 있다. 1971년 국내 최초의 대두 가공공장이 식용유를 생산하기 시작하면서 동물성 식품 섭취량이 급격히 증가하기 시작했다. 섭취량 변화 그래프를 보면 식용유 섭취량과 동물성 식품 섭취량이 거의 동일한 양상으로 증가하는 것을 확인할 수 있다(그림 4 참조).

사료를 매개로 한 식용유와 축산의 밀접한 관련성은 1990년 국내 식용유 업체의 대두박 재고가 넘쳐나면서 식용유 생산이 70퍼센트가량 감소한 '식용유 파동' 사태로 확인할 수 있다. 당시 축산물 수입 개방으로 인한 사료 수요 감소와 값싼 대두박 수입 자유화 등으로 인해 국산 대두박 수요가 급격히 감소하면서 식용유 업체의 대두박 창고가 더 이상의 대두박을 보관할수 없을 정도로 꽉 차 버렸다. 그 결과 식용유 수요가 폭증하는 추석을 앞둔 시점에서도 식용유 업체는 식용유 생산을 줄일 수밖에 없었다.[5] 1990년 식용유 파동은 식용유 업체의 주 생산물이 식용유가 아닌 가축 사료라는 역설적인 사실을 확인시켜 준다. 식용유 산업과 축산업은 서로 의존하며 함께 시장을 확대하고 있다. 이 때문에 산림 손실을 줄이기 위해서는 동물성 식품 소비를 줄이는 것뿐만 아니라, 식용유 소비도 함께 줄여나가야 한다.

2005년부터 2013년 사이 손실된 전 세계 숲의 41퍼센트는 소고기 생산을 위해, 13퍼센트 식물성 기름 생산을 위해 사라졌다. 우리가, 특히 선진국 국민들이 지금처럼 동물성 식품과 식물성 기름을 섭취한다면, 그리고 개발도상국의 식습관이 선진국처럼 바뀌게 되면 이산화탄소를 흡수하는 숲의 대부분이 파괴되는 것을 피할 수 없다. 산림 손실을 줄이기 위해서는 선진국을 중심으로 동물성 식품과 식물성 기름 섭취를 획기적으로 줄이기 위한 노력을 해야 한다.

[그림 3] 전 세계 대두 사용 현황(2017~2019년)

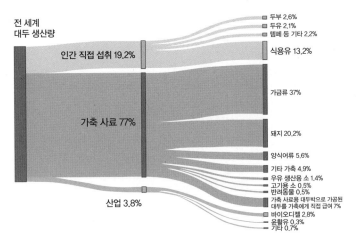

가축용 사료는 거의 전적으로 기름을 짜고 나온 대두박 형태로 공급된다.

• 출처: Food Climate Resouce Network(FCRN), USDA PSD Database, OurWorldinData.org

[그림 4] 일일 식품 섭취량 변화(1961~2019년)

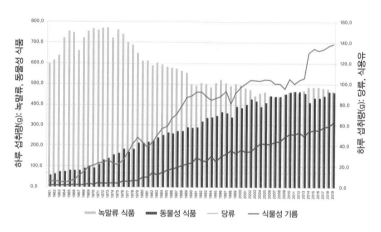

• 출처: UN FAO ⓒ이의철

온실가스 중에서도 해결해야 할 우선순위가 있다

효과가 가장 빠르고 강력한 메탄

축산은 산림 손실로 이산화탄소 농도를 증가하게 만들 뿐만 아니라, 메탄(CH_4)과 아산화질소(N_2O)라는 또 다른 강력한 온실가스를 배출해 기후위기를 악화시킨다. 메탄은 '축산' 하면 가장 먼저 떠오르는 대표적인 축산 관련 온실가스로 유명하다. 주로 소와 양, 염소와 같은 반추동물의 위에 머무는 미생물들이 풀과 탄수화물을 분해하는 과정, 즉 장내 발효과정에서 발생해 트림과 방귀로 배출된다.

소 한 마리의 연간 메탄 배출량은 종자, 연령, 성별 등에 따라 다양한데, 우리나라의 경우 1세 미만 암컷 젖소는 33킬로그램을, 1세 이상 거세한 수컷은 61킬로그램을, 2세 이상 암컷 젖소는 139킬로그램을 배출하는 것으로 추정한다. 2021년 현재전 세계에서 사육되고 있는 소가 10억 마리에 달하는 것을 감안하면 고기나 우유를 생산하기 위해 사육되는 소에 의해 발생하는 메탄의 양이 상당하다는 것을 알 수 있다.[6]

또한 메탄은 가축분뇨의 발효과정에서도 방출되는데, 한해에 약 1,140만 톤가량의 메탄이 가축분뇨에 의해 발생할 것으로 추정된다.[7] 소, 돼지, 닭 등 다양한 가축들이 매일 체중의 3.9~7.3퍼센트 정도에 해당하는 분뇨를 배설하는 것을 감안하면,[8] 축산은 육류 생산 과정이라기보다는 분뇨 배설 과정에 가깝다고 볼 수 있다. 게다가 메탄이 지구의 기온을 상승시킬 수있는 능력은 이산화탄소의 34배에 달해,[9] 상대적으로 소량 발생하더라도 기후위기에 미치는 영향이 상당하다.

한편 메탄은 감축 시 기후위기 완화효과가 이산화탄소나 아산화질소보다 훨씬 빠르게 나타나 기후위기로 인한 재앙이 본격화된 요즘 더더욱 주목을 받고 있다. 그래서 메탄의 지구온난화 가능성을 이산화탄소의 80배 이상으로 환산해 온실가스배출량을 추정하려는 경향이 강화되고 있다. 이에 대해서는 잠시 후 '지구온난화지수'를 통해 자세히 살펴보자.

이산화탄소보다 298배 위험한 아산화질소

아산화질소는 가축분뇨 처리 과정 및 토양에 투여된 축분비료와 화학비료 등을 통해 배출된다. 지구를 온난화할 수 있는 능력이 이산화탄소의 265~298배에 달해 매우 적은 양만 발생하더라도 기후위기에 미치는 영향이 적지 않다. 2014년 기준으로 전 세계에서 사육되고 있는 가축의 수는 닭 214억 마리, 소 15억 마리, 양 12억 마리, 염소 10억 마리, 돼지 9억 9,000만 마리에 달한다. 이 많은 가축을 먹이기 위해서는 막대한 양의 곡식이 필요하고, 이를 위해 산림이 손실될 뿐만 아니라 다량의 화학비료와 축분비료가 사용된다. 그리고 가축들이 사료를 먹은 만큼 분뇨가 배설된다는 사실도 망각하면 안 된다. 결국 우리가 더 많은 동물성 식품을 먹을수록 농지는 가축분뇨와 축분비료, 화학비료로 오염돼 결과적으로 다량의 아산화질소가 발생하게 된다.

전 세계적으로 아산화화질소의 81퍼센트가 농업과 관련해 발생하는데, 대부분이 축산과 관련하여 발생한다고 볼 수 있다.

소, 돼지, 닭 등 가축분뇨의 질소 1킬로그램당 0.0083~0.0136킬로그램의 아산화질소가 발생하는 것으로 추정된다.[10] 한국은 사육밀도가 세계에서 가장 높아 대량의 분뇨가 발생한다. 사육밀도 관련해서는 뒤에서도 계속 설명이 이어진다.

그 밖의 온실가스들

지구의 기온을 상승시키는 온실가스(GreenHouse Gas, GHG)는 이산화탄소와 메탄, 아산화질소 외에도 수소불화탄소(HFCs), 과불화탄소(PFCs), 육불화황(SF_6) 등 다양하다. 수소불화탄소, 과불화탄소, 육불화황 등의 온실가스는 지구온난화 효과가 탄소의 1,300배에서 2만 3,000배에 달할 정도로 매우 강력하지만, 다행히 배출량이 적어 전체 온실가스 배출량 중 2.1퍼센트만을 차지하고 있다. 그 결과 이산화탄소, 메탄, 아산화질소 세 가스가 전체 온실가스 배출의 97.9퍼센트를 차지한다(2016년 기준). 그중 이산화탄소가 74.4퍼센트로 온실가스의 거의 절대 다수를 차지하고 있지만, 메탄과 아산화질소도 각각 17.3퍼센트, 6.2퍼센트를 차지하고 있어서 이 두 가스를 줄이려는 노력도 반드시 필요하다.

다시 정해야 하는 지구온난화지수

앞서 살펴본 다양한 온실가스는 저마다 기후에 영향을 미치는 고유한 특성이 있다. 특정 가스의 온실효과는 대기 중 잔류시간(Lifetime)과 열을 머금는 능력인 복사효율(Radiative Efficiency)에 의해 결정되는데, 이를 이산화탄소의 온실효과로 나눠 지구온난화지수(Global Warming Potential, GWP)로 제시된다. 이렇게 개별 가스들의 지구온난화지수에 배출량을 곱하면 '이산화탄소 환산량(CO_2-equivalent, CO_2eq)'으로 단위가 통일된 배출량을 산출할 수 있고, 이 값들을 합해 전체 온실가스 배출량을 파악할 수 있다. 그런데, 우리가 통상적으로 사용하는 지구온난화지수는 해당 기체가 100년간 기후에 미치는 영향을 뜻해 현재와 같은 긴박한 상황에는 적합하지 않다는 지적도 있다. 우리에겐 100년 후가 아닌 당장 10~20년 후가 더욱 중요하기 때문이다.

메탄은 주요 온실가스 중 잔류시간이 12년으로 가장 짧다. 반면 이산화탄소의 잔류시간은 통상 150년 정도로 길다. 잔류시간의 의미는 다음과 같다. 지금 당장 이산화탄소 배출을 중단해도 온난화가 완화되는 효과를 보려면 70~80년 정도의 시간이 걸리고, 대기 중에서 완전히 사라지려면 150년 정도가 걸린다는 것이다. 반면 지금 당장 메탄을 줄이면 6년 이내에 그 효과를 볼 수 있다. 그 때문에 향후 10~20년간 우리가 겪게 될 재앙의 강도를 실질적으로 줄이길 원한다면, 다른 어떤 온실가스보다 대기 중 잔류시간이 짧은 메탄을 줄이는 데 집중하는 것이 현명한 선택이다.

시간한계(Time Horizon)를 20년으로 단축해 계산했을 때 메탄의 지구온난화지수는 86이 된다. 시간한계를 100년으로 계산했을 때의 34보다 2.5배가량 영향력이 더 커지는 것이다.[11] 반면 이산화탄소와 대기 중 잔류시간이 비슷한 아산화질소는 시간한계를 20년으로 줄여도 지구온난화지수는 큰 변화가 없다. 이렇게 10년 혹은 20년간 온실가스들이 지구를 온난화할 수 있는 능력을 기존의 지구온난화지수와 구별하기 위해 GWP10 혹은 GWP20이라 지칭하기도 한다. 당장 우리 세대가 겪게 될 위기를 완화하기 위해서는 지금이라도 지구온난화지수를 GWP100이 아니라 GWP20 더 나아가 GWP10으로 환산해 전체 온실가스 배출량을 새롭게 산출하고, 온실가스 배출 감소 전략도 다시 수립할 필요가 있다. 만약 지구온난화지수를 GWP20으로 적용할 경우 전체 온실가스 중 메탄이 차지하는 비중은 17.3퍼센트에서 36.1퍼센트로 증가하고, 이산화탄소와 아산화질소의 비중은 각각 57.5퍼센트, 4.8퍼센트 정도로 감소

한다. 이렇게 현 상황에 대한 평가가 달라지게 되면, 축산이 기후위기에 미치는 영향은 더욱 크게 평가될 수밖에 없다.

현재 우리나라는 메탄 21, 아산화질소 310의 지구온난화지수를 채택해 온실가스 배출량 산출 및 온실가스 감축 계획에 공식적으로 활용하고 있다. 이는 1995년 발표한 〈IPCC 제2차 평가보고서〉를 따르는 것이고, 시간한계는 100년인 GWP100이다. 이제 우리나라도 향후 10~20년간 발생할 위기를 실질적으로 완화하기 위해 지구온난화지수를 GWP20으로 채택해 미래지향적인 온실가스 감축 전략을 수립할 필요가 있다. 메탄의 지구온난화지수를 21이 아닌 86으로 적용할 경우 우리나라에서 배출하는 온실가스 중 축산과 관련해서 발생하는 온실가스의 비중은 2.1퍼센트에서 4.7퍼센트로 증가하게 된다(2019년 기준).[12]

온실가스 배출을 외주화하는 대한민국

하지만 이렇게 메탄의 지구온난화 지수를 GWP20으로 적용한다고 해도, 여전히 우리나라에서 축산과 관련한 온실가스 비중은 전 세계 평균에 비해 상대적으로 적다. 그 이유는 두 가지다. 우선 에너지 생산과정에서 발생하는 온실가스의 양이 총 배출량의 87.2퍼센트를 차지할 정도로 막대하기 때문이다. 또 다른 이유는 가축 사료를 거의 전량 수입하고 있기 때문에 산림 손실로 인한 이산화탄소 증가와 사료작물 생산과정에서 농지에 과량으로 투입되는 축분비료와 화학비료로 인한 아산화질소 배출이 제대로 반영되지 않았다는 점이다.

기후위기는 온 인류가 전 지구적 차원의 관점을 가지고 대응해야 할 문제다. 우리나라의 온실가스 배출 구조만 보고, 축산이 차지하는 비중이 적다는 이유만으로, 사육하는 가축 수를 줄이고 식단을 식물성 식품 중심으로 바꾸는 것의 중요성을 과소평가하거나 폄하해서는 안 된다. 지구 어딘가에서는 우리나라에 수출할 가축 사료를 생산하는 과정에서 숲이 파괴되고, 온실가스가 배출되고 있기 때문이다.

주요 온실가스의 시간한계에 따른 지구온난화지수

온실가스	잔류시간(년)	지구온난화지수(GWP)		
		20년(GWP20)	100년(GWP100)	500년(GWP500)
이산화탄소 (CO_2)	150	1	1	1
메탄 (CH_4)	12.4	56[a] 72[b] 86[c]	21[a] 25[b] 34[c]	6.5[a] 7.6[b]
아산화질소 (N_2O)	121	280[a] 289[b] 268[c]	310[a] 298[b] 298[c]	170[a] 153[b]
수소불화탄소 (HFCs)	13.4	3,790[c]	1,550[c]	435[b]
과불화탄소 (PFCs)	50,000	4,950[c]	7,350[c]	11,200[b]
육불화황 (SF_6)	3,200	16,300[b] 17,500[c]	22,800[b] 23,500[c]	32,600[b]

• 출처: a: IPCC SAR WG1, 1995, p.22/ b: IPCC AR4 WG1, 2007, p.212/ c: IPCC AR5 WG1, 2013, p.714, p.731

축산으로 탄생하는
슈퍼 박테리아

축산분뇨가 녹조를 만든다

우리가 선택하는 음식과 그 음식을 생산하는 과정에서 발생하는 환경영향의 원인은 온실가스 배출만이 아니다. 하천의 녹조현상 및 항생제 오염, 다제내성균(다양한 항생제에 내성을 가진 병균) 발생 등의 문제도 우리가 동물성 식품을 지금과 같이 먹으려 할 때 생긴다.

많은 사람은 하천의 녹조현상이 4대강 사업에 의해 발생했다고 생각한다. 2012년 4대강 사업 완료 후 4대강의 녹조현상이 악화되는 것을 육안으로 확인했기 때문이다. 많은 환경활동가는 이 문제를 해결하기 위해 보를 개방하거나 철거해야 한다고 주장하고 있다. 하지만 이 녹조현상도 축산과 밀접한 관련이 있다.

2012년은 4대강 사업이 완료됐을 뿐만 아니라 가축분뇨 해양투기가 전면 금지된 해이기도 하다. 통상 축산분뇨의 10퍼센트가량이 해양에 투기돼왔던 것을 감안하면, 해양 대신 하천으로 유입되는 축산분뇨의 양이 2012년을 기점으로 10퍼센트가량 증가한 것과 4대강 사업으로 느려진 유속, 폭염, 적은 강수량 등이 맞물리면서 녹조현상이 극적으로 악화된 것이다. 그렇다면 2012년을 전후해서 얼마만큼의 분뇨가 육지에 더 투여됐을까? 2006년 해양투기된 가축분뇨의 양이 261만 톤이었던 것을 감안하면, 2012년쯤부터는 매년 육지에서 그만큼씩 더 분뇨를 처리해야 했을 것이다. 분뇨의 대부분이 비료나 액비로 농지에 살포되거나, 방치되어 있다가 빗물에 쓸려 내려가는 것을 감안하면, 어떠한 형태로든 분뇨의 질소와 인이 하천으로 유입될 수밖에 없는 상황이다.

이렇게 축산분뇨로 인해 녹조가 악화되고 있는 대표적인 곳이 대청호다. 대청호는 4대강 사업과 전혀 상관없는 곳임에도 녹조현상이 점점 악화되고 있는데, 소옥천 지역에 방치된 가축분뇨가 주원인이라는 것이 드러났다.[13] 환경부는 이 문제를 해결하기 위해 방치된 분뇨를 수거해 퇴비화하고, 분뇨를 방치한 축산업자에게 비료 쿠폰을 제공하는 등의 사업을 벌이고 있지만, 아무리 퇴비화하더라도 가축이 배설하는 분뇨의 양이 너무 많으면 농지가 감당할 수 없다. 이런 이유로 한국은 2016년 이후 OECD 국가들 중 질소와 인을 토양에 가장 많이 투입하는 나라 1~2위를 유지하고 있다.

제주도의 식수가 위험하다

앞서 1부에서 녹조가 악화되면서 남세균에 의해 발생한 독성물질이 지하수로 스며들고, 녹조 강물을 농업용수로 사용할 경우 농작물에서도 독성물질이 검출된다는 연구 결과를 살펴봤다. 하지만, 녹조를 유발하는 질소 자체도 건강을 위협할 수 있다. 질산성질소 농도가 $10mg/l$ 이상인 물을 신생아가 마시면 치명률 7~8퍼센트의 청색증을 유발할 수 있는데, 2017년 기준 전체 지하수의 9.7퍼센트가 질산성질소 기준을 초과했고, 농촌 지하수의 경우 초과율이 14.6퍼센트에 달했다.[14] 안성시 일죽면에 질산성질소 기준을 초과하는 지하수의 비율은 무려 32~42퍼센트에 달하고, 질소 동위원소 분석 결과 대부분이 축산 폐수

가 원인으로 드러났다.[15]

지하수 질산성질소 오염의 문제가 가장 치명적인 곳은 식수를 100퍼센트 지하수로 충당하는 제주도다. 제주도 지하수의 10.6퍼센트가 질산성질소 기준을 초과하는데, 특히 돼지 사육시설이 밀집한 서부지역은 초과율이 20퍼센트에 이른다.[16] 급기야 2019년에는 질산성질소 농도가 너무 높아 한림읍 옹포수원지가 폐쇄되기까지 했다. 모두 돼지 분뇨 액비를 무분별하게 살포한 결과다. 이 때문에 제주도는 2019년 '돼지 사육두수 총량제'를 도입하겠다고 발표했다. 하지만 축산 및 관광식당업계의 눈치를 보며 아직까지 적정 사육두수를 제시하지 못하고 있다. 그 사이 주민들은 계속해서 악취와 식수 부족으로 고통받고 있다.

세계에서 사육밀도가 가장 높은 대한민국

유럽은 가축분뇨로 인한 오염을 예방하기 위해 1991년부터 질산염 규제를 시행하고 있다. 그 결과 자연스럽게 가축 사육밀도도 줄어들었다. 네덜란드의 경우 1헥타르(100미터×100미터, 약 3,025평)에 소 2.3마리, 돼지 5.1마리만 사육하도록 제한해 질소 투입 1위 자리를 한국에 넘겨주었다.[17] 반면, 한국은 1헥타르에 소 7.5마리, 돼지 71.4마리까지 사육하는 등 네덜란드에 비해 소는 3.3배, 돼지는 14배 더 밀집해서 사육하면서 질소 투입 1위 자리를 지키고 있다. 이제 한국의 축산 농가도 경제적 이득의 관점으로만 축산을 바라보는 태도에서 벗어나야 한다. 전국의 초지와 농경지, 하천과 지하수가 가축들의 분뇨로 뒤덮여 다양한 문제가 발생하고 있다는 사실을 직시해야 한다.

가축분뇨로 인해 식수가 위협받고 있음에도 업자들의 눈치를 보며 사육두수를 줄이지 못하고 있는 제주도와 같은 상황이 전국으로 번지도록 방치해서는 안 된다. 그러기엔 지하수 오염과 기후위기 상황이 너무나 심각하다. 이제 농촌의 소득 증대를 위해 축산업을 지원하고, 축산분뇨와 관련하여 발생하는 환경문제를 눈감아주거나 정부가 비용을 떠안는 등의 정책을 중단해야 한다. 축산과 관련해 발생하는 환경문제의 비용을 축산업자들이 책임지도록 해야 한다. 이를 위해 최소한 양분총량제나 사육두수 총량제 등의 정책을 과감히 실행해야 한다. 양분총량제란 특정 농작물을 재배하는 농지에 필요한 만큼만 축분비료나 화학비료를 투입하도록 제한하는 제도다. 이미 가축에서 배출되는 분뇨로 농지에 양분이 과잉 투입되고 있는 상태이기에 사육하는 가축 수를 줄이는 결과로 이어지게 된다. 이런 제도를 통해 축산업자들에게 환경문제에 대한 비용 의식이 생길 때 비로소 합리적인 논의가 가능해질 것이다.

축산의 필수품이 된 항생제

한편 가축의 밀집 사육은 과도한 항생제 사용으로 인해 또 다른 문제도 유발한다. 비위생적인 비좁은 공간에서 밀집 사육되는 가축들에게 항생제는 생존을 위한 필수품이나 마찬가지다. 사육밀도가 높은 만큼 항생제도 세계 최고 수준으로 많이 사용하고 있다. 하지만 이렇게 사용된 항생제의 80~90퍼센트는 분뇨로 배설돼 토양과 하천을 오염시키고, 축분비료가 살포된 농지와 그 주변 하천도 오염시켜 사람이 의도치 않게 항생제에 노출되거나, 해당 항생제에 죽지 않는 내성균만 살아남게만드는 문제를 유발할 수 있다.

영산강으로 유입되는 가축분뇨의 항생물질을 조사한 결과, 돼지 축사에서 나온 유출수가 유입되는 지천에 돼지에게 많이 사용하는 항생제 성분이 고농도로 검출되었다.[18] 또한 금강으로 유입되는 하천에서 시행한 잔류 의약품 조사에서도 돼지 축산단지와 가까운 상류와, 가축분뇨로 비료를 만드는 공장 인근에서 가축 항생제의 농도가 높았다.[19] 가축분뇨로 만든 퇴비에서 가축에게 주로 사용되는 항생제인 테트라사이클린 및 설폰아마이드 계열 항생제가 고농도로 검출됐고, 퇴비를 뿌린 토양에서도 검출됐다.[20] 이뿐 아니라 가축분뇨 퇴비를 뿌린 토양에서는 설폰아마이드 계열 항생제에 관한 내성균과 내성 유전자가 모두 검출됐다.[21] 세균들은 종이 다르더라도 항생제 내성 유전자를 주고받을 수 있어 여러 항생제에 동시에 내성이 있는 다제내성균인 슈퍼박테리아가 가축분뇨를 통해 다양한 경로로 퍼져나갈 가능성이 높은 상황이다.

항생제 남용은 결국 우리에게 되돌아온다

2018년 질병관리청에서 발표한 〈국내 항생제 내성균 감염에 대한 질병부담 연구〉 보고서에 의하면 우리나라에서 슈퍼박테리아에 의해 매년 3,900여 명이 조기사망하고 3,300억 원에서 7,500억 원의 사회적 비용이 발생한다. 특히 가장 심각한 슈퍼박테리아는 카바페넴 내성 장내세균(Carbapenem-Resistant Enterobacteriaceae, CRE)이다. 카바페넴 내성 장내세균에 감염될 경우 사용할 수 있는 항생제가 거의 없다. 치료가 매우 어려워, 병원 입원기간이 116.3일가량 더 길어지고, 절반 이상이 사망하게 된다. 상황이 이렇다 보니 카바페넴 내성 장내세균에 감염될 경우 추가로 발생하는 의료비용은 환자 한 명당 1억 4,000만 원에 달한다. 다행히 카바페넴 내성 장내세균에 감염될 경우 콜리스틴(Colistin)이라는 항생제를 사용할 수 있어서, 현재 병원에서는 이 최후의 항생제에 관한 내성균이 생기지 않도록 매우 신중하게 콜리스틴을 처방하고 있다.

그런데 최후의 항생제인 콜리스틴이 한국에서는 무분별하게 사용되고 있다. 2011년부터 2020년 사이 수의사 처방 없이 가축에게 사용된 양은 매년 7~16톤에 달한다.[22] 그 결과 닭, 돼지, 소에서 콜리스틴 내성 세균이 발견되기 시작했고, 2016년에는 병원에 입원 중인 환자에게서도 콜리스틴에 내성이 있는 카바페넴 내성 장내세균이 발견되기에 이르렀다.[23] 그리고 병원에 입원 중인 환자에게서 발견된 콜리스틴 내성 유전자는 닭에서 발견된 콜리스틴 내성 유전자와 관련 있는 것으로 밝혀졌다.[24] 현재 카바페넴 내성 장내세균 감염환자는 지속적으로 증가하고 있고, 콜리스틴 내성 유전자에 관한 감시도 강화되고 있다. 2018년 일반 소비자에게 유통되고 있는 식품들에 대한 검사에서 돼지고기의 6.8퍼센트, 닭고기의 5.9퍼센트에서 콜리스틴 내성 유전자가 검출됐다.[25] 채소에서도 1,324건의 시료 중 2개의 시료에서 콜리스틴 내성 유전자가 검출됐는데, 이는 가축분뇨 퇴비에서 옮겨왔을 가능성이 높다.

한편 여러 축산물에서는 콜리스틴 이외에도 다양한 항생제에 내성이 있는 세균들이 검출되고 있다. 지금과 같은 밀집 사육이 지속되고, 동물성 식품을 얻기 위해 축산과 양식업에서 무분별하게 항생제를 사용하는 한, 아무리 인간에게 사용하는 항생제를 잘 관리하더라도 어떤 항생제로도 죽지 않는 치명적인 슈퍼박테리아의 위협을 피할 수 없다. 더 늦기 전에 인간과 동물, 환경의 건강을 위협하는 밀집 사육을 중단해야 한다. 동물들이 그들의 본성에 맞게 건강하게 살아갈 수 있도록 존중할 때, 인간의 건강도 비로소 보장받을 수 있다.

아이들의 성장 속도가 점점 빨라지는 이유

한편 가축에게 항생제가 많이 사용되는 이유는 가축들의 건강 유지뿐만 아니라, 성장이 촉진되기 때문이기도 하다. 치료 목적보다 매우 낮은 농도로 사료나 식수에 항생제를 첨가할 경우 성장 속도가 빨라지는 현상은 항생제가 발견된 1900년대 초부터 이미 잘 알려져 있었다. 아직까지 미량의 항생제가 성장을 촉진하는 이유가 명확하게 밝혀지지 않았지만, 장내 미생물의 변화 및 이에 대한 숙주의 면역반응 변화가 주된 원인일 것으로 추측된다. 그렇다면 인간이 미량의 항생제를 지속적으로 섭취한다면 어떤 일이 벌어질까? 가축에게서 관찰되는 변화가 비슷하게 발생하지 않을까? 우리 아이들의 성장 속도가 점점 빨라지고, 비만해지는 데 과연 가축들에게 무분별하게 사용한 항생제의 영향이 전혀 없을까?

앞서 살펴본 것처럼 축사 및 축분비료 공장 주변 하천과 토양이 가축 항생제에 오염되어 있고, 상수도 시설에서 항생제 성분을 제거하는 과정은 없기에 상수도를 통해 미량의 항생제에 노출될 가능성을 배제할 수 없다. 아울러 축산물 및 양식어류에 잔류하는 항생제도 무시하기 어렵다. 현재까지 수돗물이나 지하수, 토양, 축산물, 양식어류에서 검출되는 항생제의 양은 미미한 수준이지만, 식수와 음식을 통해 태어나면서부터 다양한 항생제에 지속적으로 노출될 경우 어떤 건강 영향이 있을지 어느 누구도 장담할 수 없다. 가장 좋은 방법은 인간에게 사용하는 항생제를 최소한으로 줄이려 노력하듯이, 동물에게 사용하는 항생제의 양을 최소화하기 위해 사육밀도를 획기적으로 낮춰야 한다. 이를 위해서는 우리의 음식 선택이 어떻게 환경에 영향을 미치는지 제대로 이해하고 동물성 식품 섭취를 최소화하려는 현명한 선택을 하는 것이 중요하다.

해양생물까지도
먹지 말아야 하는 이유

탄소를 흡수하는 바다의 잠재력

기후위기가 심화될수록 해양생태계의 중요성은 더욱 커지고 있다. 육지의 숲과 마찬가지로 지표면의 70퍼센트를 덮고 있는 바다의 식물성 플랑크톤과 해초도 광합성을 통해 대기 중 이산화탄소를 흡수하기 때문이다. 바다가 대기 중 탄소를 흡수하는 경로는 크게 두 가지가 있다. 하나는 대기 중 이산화탄소가 바닷물에 직접 녹으며 흡수되는 경로이고, 다른 하나는 식물성 플랑크톤의 광합성과 다양한 해양생물들의 생물학적 활동을 통해 흡수되는 생물학적 경로다.

실제로 2011년부터 2020년까지 10년간 바다가 이산화탄소를 흡수한 양은 인간이 배출한 이산화탄소의 25.5퍼센트에 달한다.[26] 이렇게 식물성 플랑크톤과 해초에 흡수된 이산화탄소는 유기물로 변환되어 동물성 플랑크톤, 작은 어류, 중간 크기 어류, 대형 어류 등 먹이사슬을 따라 상위에 있는 동물들의 양분으로 섭취되면서 바다에 저장된다. 그리고 해양생물들의 사체나 배설물은 다시 식물성 플랑크톤과 해초들을 위한 양분이 되고, 일부는 해저로 퇴적되면서 탄소도 함께 깊은 바다로 퇴적된다. 이런 이유로 바닷속에서 살고 있는 생물들의 종류가 다양하고, 그 개체수도 많을 때 바다가 흡수하고 저장하는 이산화탄소의 양도 자연스럽게 증가한다. 이렇듯 생명다양성은 성공적인 기후위기 대응의 필수 조건이다.

2021년 발표된 연구에 의하면, 어류가 배설물을 통해 해저로 퇴적시키는 탄소의 양이 연간 15억 톤에 달한다.[27] 이를 이산화탄소로 환산하면 55억 톤으로, 2020년 전 세계에서 배출한 이산화탄소 348억 톤의 15.8퍼센트에 해당한다. 만약 바다에서 어류들이 사라지면 55억 톤의 이산화탄소가 바다로 흡수되지 못하고 대기 중에 남아 있게 될 것이다.

고래 한 마리가 미래 세대의 탄소 예산을 늘린다

특히 고래와 같은 대형 해양생물의 역할이 매우 중요하다. 고래는 심해에서 먹잇감을 먹고, 표층 바다로 올라와 배설을 하며 해양의 영양분을 재분배하는 역할을 하는데, 이 덕분에 식물성 플랑크톤이 양분을 얻어 이산화탄소를 활발히 흡수할 수 있게 된다. 이뿐만 아니라 고래와 같은 대형 해양생물은 평생 몸에 저장했던 탄소를 깊은 바다에 저장해 기후위기 완화에 기여한다.

큰 고래의 경우 약 33톤의 이산화탄소를 해저에 저장할 수 있는데, 이는 나무 1,500그루가 1년간 흡수할 수 있는 양에 해당한다. 기온 상승을 1.5도 미만으로 제한하기 위해 2017년에 태어난 사람의 탄소 예산을 44톤으로 설정했던 것을 감안하면, 고래 한 마리가 흡수하는 이산화탄소 33톤은 상당한 양이다. 만약 사람이 태어날 때마다 고래 한 마리가 늘어난다면 미래 세대의 탄소 예산은 44톤에서 77톤으로 75퍼센트가량 증가할 수 있다. 어쩌면 고래의 개체수를 늘리는 게 미래 세대의 탄소 예산을 높일 수 있는 최고의 선물이 될 수 있는 것이다.

현재 주요 8종류의 고래들이 바다에 저장하는 이산화탄소의 양은 연간 10만 5,000톤에 달할 것으로 추정되는데, 만약 고래 개체수가 산업화된 고래잡이 이전 수준으로 회복된다면 연간 70만 7,000톤의 이산화탄소를 저장할 수 있었을 것으로 추정된다.[28] 그뿐만 아니라 고래의 배설물 덕분에 식물성 플랑크톤의 광합성이 1퍼센트라도 증가하면 매년 수억 톤의 이산화탄소를 더 흡수할 수 있게 된다. 이는 나무 20억 그루가 흡수하는 양에 해당한다.[29] 단지 고기를 먹기 위해 고래를 포획하기에는 우리가 감수해야 할 생태적 부담이 너무나 크다. 미래 세대의 탄소 예산을 갉아먹는 행위나 다름없다. 현재 전체 고래 개체수는 130만 마리 정도로 과거의 4분의 1수준으로 감소한 상황이다.

한편 최근엔 크릴오일이 건강기능식품으로 유행하면서 고래의 생존은 한층 더 위협받게 되었다. 크릴은 고래의 주요 먹잇감인데, 인간이 오일을 짜내기 위해 싹쓸이하면서 고래의 먹잇감이 감소했기 때문이다. 하지만, 현대인이 겪고 있는 대부분의 건강 문제는 과도한 동물성 식품과 지방 섭취가 원인이기 때문에, 식물성 식품 위주로의 식단 변화가 없으면 아무리 오메가3 지방산이나 크릴오일을 먹더라도 건강이 개선되기 어렵다. 오히려 지방 과잉 섭취로 인한 부작용을 겪기 쉽다. 이런 사실들을 감안하면, 지금과 같은 크릴오일에 관한 열광은 매우 우려스러운 법석이 아닐 수 없다. 현대인이 겪고 있는 건강 문제의 원인과 관련해서는 3부 '인류의 멸종에 저항하는 영양학'을 참고하자.

해양생태계를 붕괴하는 파괴적 어업

고래뿐만 아니라 해양생태계는 불과 수십 년 사이, 인간의 어업활동으로 급격히 황폐화되고 있다. 참치는 1961년 이후 어획량이 80퍼센트 감소했고, 태평양 정어리와 북대서양 대구 어획량도 95~99퍼센트 감소했다. 상어와 가오리의 개체수도 1970년 이후 71퍼센트 줄어들었다. 상어지느러미 요리에 대한 수요가 18배가량 증가하면서 지느러미가 잘린 후 바다에 버려지는 상어도 늘어났다. 한국의 상황도 심각하다. 1980~90년대 흔했던 쥐치나 명태가 이제는 자취를 감췄고, 골뱅이는 2009년 이후 한반도에서 사라져 영국과 아일랜드에서 전량 수입하고 있다. 기후변화로 인해 한반도 주변에 서식하는 어류의 종류가 바뀐 것도 중요한 요인이지만, 과도한 남획이 개체수 감소의 주원인이다.

해양생태계는 매우 복잡한 먹이사슬로 엮여 있어서 다양한 종들의 균형이 중요하다. 가령 상어가 사라지면, 상어가 잡아 먹는 해초를 먹는 어류의 개체수가 증가해 해초의 양이 감소하고, 최종적으로 바다가 흡수할 수 있는 탄소의 양이 줄어들게 된다. 현재 인간의 어업활동으로 인해 상어처럼 해양생태계의 균형을 유지하는 데 중요한 역할을 하는 종의 4분의 3이 멸종 위기에 처해 있다. 어업활동으로 해양생태계의 균형이 무너지면 바다가 이산화탄소를 흡수할 수 있는 능력에 큰 타격을 입을 수밖에 없다.

해양 블루카본을 지킬 수 있는 방법

한편 해양생물은 육상생물들과 근본적으로 다른 조건에서 살아가고 있어서, 대기 중 탄소의 흡수 및 저장과 관련하여 보다 중요한 의미를 갖는다. 육상동물은 죽은 후 분해되면, 몸에 저장되어 있던 탄소가 대기로 방출되지만, 해양생물은 죽은 후 바다에 가라앉아 자신에게 저장되어 있던 탄소를 수백에서 수천 년 이상 해저에 저장한다. 이렇게 해양생물들이 대기 중 이산화탄소를 흡수해 해저에 저장하는 탄소를 '해양 블루카본 (Ocean Blue Carbon)'이라고 한다. 해양 블루카본은 해양생물들의 사체에서뿐만 아니라 생명 활동과 서로 간의 먹이그물 상호작용, 배설물의 해저 퇴적 등 모든 과정을 통해 해양에 탄소를 저장한다.

지구상의 모든 생명체가 각자의 방식대로 살아갈 수 있도록 인간이 그 권리를 보장할 때 인간 또한 비로소 지속가능한 번영을 누릴 수 있다. 해양 블루카본을 생각한다면, 해양생물들은 더더욱 그들이 나고 자란 바다에서 평화롭게 생을 마감하도록 하는 것이 중요하다. 해양생물을 바다에서 꺼내 육지에서 생을 마감하도록 하는 모든 행위가 해양 블루카본을 대기로 방출하는 행위가 될 수 있기 때문이다.

저인망어업의 크나큰 폐해

현대 어업은 해양생물의 개체수를 급격히 감소시키는 것 외에도, 저인망어업을 통해 직접적으로 바다가 흡수하는 탄소를 줄어들게 한다. 저인망어업은 그물의 아랫깃이 해저에 닿도록 한 후 수평 방향으로 끌어 해저에 사는 해양생물을 잡는 어법을 말한다. 저인망어업은 매년 전체 해양의 1.3퍼센트에 해당하는 420만제곱킬로미터의 해저를 그물로 훑는다. 이로 인해 해저에 저장돼 있던 이산화탄소가 다시 바닷물에 녹으면서 방출되는데, 그 양이 14억 7,000만 톤에 달한다.[30] 이는 매해 해양이 대기로부터 흡수하는 이산화탄소의 15~20퍼센트에 해당하는 양으로, 바다의 탄소 농도가 증가하면 바다가 탄소를 흡수할 수 있는 여력이 감소해 그만큼 대기 중 이산화탄소의 양이 증가할 수밖에 없다. 이 때문에 해양의 생명다양성과 바다가 흡수하는 이산화탄소의 양을 보존하기 위해 저인망어업을 비롯한 산업화된 어업을 획기적으로 제한할 필요가 있다. 이를 위해 2030년까지 배타적경제수역과 공해 바다의 30퍼센트를 해양보호구역으로 지정하기 위한 운동이 한창 진행 중이다.

축산은 바다에도 데드존을 만든다

한편 축산은 해양의 생명다양성을 위협하는 하나의 요인이기도 하다. 산소 농도가 극도로 감소해 어떤 생명체도 살 수 없게 된 바다를 데드존(Dead Zone)이라고 하는데, 이 데드존이 축산과 일부 관련이 있다. 데드존은 1950년 이후 4배 이상 증가했다. 대양의 데드존은 유럽연합 전체 면적과 맞먹을 정도로 많아졌고, 연안의 데드존은 10개 미만에서 100개로 10배 이상 증가했다.

축산은 주로 연안에 발생하는 데드존과 관련이 큰데, 농지와 하천을 오염시킨 가축분뇨가 최종적으로 연안 바다로 흘러 들어가 녹조와 비슷한 적조를 유발하기 때문이다. 녹조와 마찬가지로 적조는 질소와 인의 과잉 유입에 의해 식물성 플랑크톤이 과잉 증식하면서 발생한다. 그리고 증식된 식물성 플랑크톤이 분해되면서 바닷속 산소가 고갈돼, 수많은 해양생물이 목숨을 잃게 된다. 해양의 생명다양성을 감소시키는 데드존이 증가하면 해양의 탄소흡수도 감소할 수밖에 없다. 한국도 서남해 해안을 중심으로 매년 적조현상이 반복되고 있다. 바다의 데드존을 줄이려면 육지에서부터 사육하는 가축 수를 줄여야 한다.

많은 사람은 음식이 기후에 미치는 영향을 생각할 때, 메탄을 내뿜는 소를 가장 먼저 떠올린다. 그리곤 소고기 대신 오메가3가 풍부한 생선을 먹으려 한다. 하지만, 바다에 살고 있는 어류를 포함한 다양한 해양 동물을 먹는 것은 바다에 저장될 해양 블루카본을 대기 중으로 방출하는 행위나 마찬가지다. 기후에 미치는 영향을 중심으로 본다면, 육지든 바다든 모든 동물성 식품을 최대한 먹지 않는 것이 최선의 선택이다.

팜유 반대는 친환경적일까?

환경문제에 관심 있는 사람들 중 팜유에 대해 문제의식을 갖고 있는 사람들이 적지 않다. 샴푸, 비누, 세탁세제, 화장품 등 개인위생용품과 초콜릿, 쿠키, 과자, 라면, 감자튀김 등 식품뿐만 아니라, 바이오디젤의 주원료로도 사용되는 팜유는 전 세계에서 가장 많이 사용하는 식물성 기름이다. 2014년 기준 전 세계 팜유 생산량은 5,733만 톤으로, 전체 식물성 기름 생산량의 33.1퍼센트를 차지한다. 2006년 처음으로 대두유를 제치고 식물성 기름 생산량 1위에 오른 팜유는 이후 지속적으로 생산량이 증가해 대두유와의 격차가 계속해서 커지고 있다.

문제는 이렇게 지속적으로 팜유 생산량이 많아지면서 열대우림 파괴 또한 증가했다는 데 있다. 팜유는 생명다양성이 높은 열대지역에서만 자라는데, 팜유 수요가 많아지면서 팜나무 농장 조성을 위해 열대우림이 계속 파괴되고 있다. 대표적인 지역이 전 세계 팜유의

84퍼센트를 생산하고 있는 인도네시아와 말레이시아다. 두 국가의 팜유 농장 면적은 1961년 11만 헥타르에서 2018년 1,202만 헥타르로 100배 이상 증가했다. 그리고 1984년부터 2020년까지 보르네오와 수마트라 지역의 인공위성 사진을 분석한 연구에서 '지속가능한 팜유 산업 협의체(RSPO)' 인증을 받은 팜유 농장들마저도 75퍼센트가 1990년대까지 오랑우탄, 호랑이, 코뿔소, 코끼리 등의 동물들이 서식하던 지역에 만들어진 것이 확인됐다.[31] 팜유 생산을 위해 온실가스를 흡수하던 열대우림이 사라지면서 대기 중 이산화탄소가 증가하고, 오랑우탄, 긴팔원숭이 등 각종 멸종위기 동식물들의 서식지가 감소하고 있다.

국제자연보전연맹(IUCN)에 따르면 팜유 생산으로 인해 최소 193개의 멸종위기종이 영향을 받고 있다.[32] 아울러 열대우림에서 소규모 농어업과 수렵, 채집으로 생존해왔던 소농과 토착민의 생존권도 위협받고 있다. 상황이 이렇다 보니 'Palm-oil Free' 캠페인이 주목받고 있다. 시중에서 다양한 위생용품과 가공식품에서 'Palm-oil Free' 라벨이 붙은 제품을 어렵지 않게 만날 수 있다. 'Palm-oil Free' 제품들은 팜유 대신 건강과 친환경을 지키는 다른 종류의 식물성 기름을 사용했다는 것을 강조하고 있다. 하지만, 과연 팜유 대신 다른 식물성 기름을 사용하는 것이 친환경적인지 의문이다. 단위 면적당 기름 생산량에 있어서 팜유를 따라올 작물이 없기 때문이다.

전 세계 식물성 기름 생산은 1961년 1,745만 톤에서 2014년 1억 7,327만 톤으로 10배가량 증가했다. 이에 따라 식물성 기름 생산을 위해 사용된 농지도 같은 기간 1억 1,136만 헥타르에서 3억 930만 헥타르로 2.8배 늘어났다. 만약 전 세계 식물성 기름 수요 전체를 팜유로 공급할 경우 7,697만 헥타르의 농지이면 충분하다. 따라서 2억 3,000만 헥타르가량의 농지를 자연으로 되돌릴 수 있게 된다.

반면 전체 식물성 기름 수요를 대두유로 공급할 경우 4억 8,676만 헥타르의 농지가 필요하고, 올리브오일로 공급할 경우 6억 4,226만 헥타르, 코코넛오일로 공급할 경우 8억 4,669만 헥타르의 농지가 필요하다. 팜유 반대가 오히려 더 많은 산림훼손으로 이어질 수 있는 것이다. 따라서 단순히 팜유 대신 다른 식물성 기름을 사용하는 것이 아니라, 식물성 기름 사용 자체를 줄이기 위한 노력이 필요하다. 식물성 기름이 과도하게 사용된 음식이나 가공식품을 줄이는 게 훌륭한 출발점이 될 수 있다. 아울러 팜유와 다른 식물성 기름 생산과 관련하여 발생하는 다양한 환경비용을 생산자에게 부담시킴으로써, 생산자 스스로가 지속가능한 사업을 고민하도록 만들기 위한 노력도 필요하다.

3부

인류의
멸종에
저항하는
영양학

무엇을 먹느냐에 따라 사람들의 건강상태가 달라진다는 것은 이제 상식이나 다름없다. 하지만 식량이 부족해지는 위기의 시기엔 무엇을 먹을 것이냐의 선택은 건강을 좌지우지하는 수준이 아니라, 삶과 죽음을 좌지우지하게 된다. 지금과 같이 곡물의 대부분을 인간이 아닌 가축에게 먹인다면, 그리고 가축으로부터 얻은 육류와 유제품, 달걀류, 어패류 등 동물성 식품을 계속 강조한다면 인류는 멸종을 피하기 어렵다. 기후위기로 인한 농업위기, 식량위기는 피할 수 없는 미래이자 이미 진행 중인 현실이다. 이제 무엇을 먹을 것인가에 대한 고민은 맛과 취향, 영양학적 고려를 넘어 환경과 지구의 지속가능성에 미치는 영향까지로 확대되어야 한다.

지금처럼 전체 농지의 77퍼센트를 인간이 아닌 가축을 위해 사용하고, 곡물의 대부분을 인간이 아닌 가축에게 먹이는 관행을 정당화하는 영양학은 인류의 멸망을 촉진하는 영양학이 될 것이다. 기후위기 시대, 식량위기 시대에 걸맞게 영양학도 재구성될 필요가 있다. 영양학적으로 부족하지 않게 먹으면서도 온실가스 배출을 최소화할 수 있는 새로운 식이 관행이 정착할 수 있도록 돕는 영양학이 필요하다. 인류가 멸종으로부터 저항할 수 있도록 돕는 영양학, 우리는 이 영양학을 '멸종저항 영양학'이라 부를 수 있을 것이다.

한편 멸종저항 영양학은 인류를 기후위기와 환경파괴로부터 보호할 뿐만 아니라 실질적인 건강을 향상시킴으로써 비만, 고혈압, 당뇨병, 고지혈증, 심뇌혈관질환, 암, 치매로부터도 자유롭게 한다. 멸종저항 영양학을 통해 지구를 위한 것이 나를 위한 것이고, 나를 위한 것이 지구를 위한 것이라는 사실을 이해할 수 있게 될 것이다.

단백질 집착이
재앙을 부른다

제1차 세계대전 속 단백질 논쟁

무엇을 먹을 것인가에 대한 선택이 정말 삶과 죽음을 가를 수 있을까? 제1차 세계대전 시기 덴마크와 독일의 사례를 보면 위기의 시기에 식량정책의 차이에 따라 국민들의 삶과 죽음을 좌지우지할 수 있다는 것을 알 수 있다. 제1차 세계대전 시기 두 나라에 어떤 일이 벌어졌는지 살펴보기 전에 먼저 두 나라의 식량정책 방향에 대해 살펴보자. 독일은 근대 식이요법학의 아버지로 추앙받는 카를 폰 포이트(Carl von Voit)의 나라다.

1877년 포이트는 70킬로그램의 성인 남성은 단백질을 매일 최소 118그램 섭취해야 한다고 주장했다.[1] 참고로 현재 70킬로그램의 성인에게 권장되는 단백질 양이 56그램이라는 사실을 감안하면, 당시 포이트의 단백질 권장량이 얼마나 과장됐는지 짐작할 수 있다. 단백질에 집착적인 포이트의 태도는 미국 농무부의 영양연구실을 설립한 그의 미국인 제자 윌버 애트워터(Wilbur Atwater)에 의해 더욱 강화됐다. 그는 매일 125그램의 단백질을 권장했다.[2]

한편 독일 영양학계에서는 "고기만이 고기를 만든다(Only Meat Creats Meat)"라는 선입관이 팽배해 단백질은 곧 육류를 의미했고, 생산적인 활동을 위해선 매우 많은 양의 육류를 섭취해야 한다는 생각이 상식처럼 굳어 있었다. 독일과 미국의 영양학은 이렇게 단백질, 특히 동물성 단백질에 집착하는 태도 속에서 탄생했다. 이런 태도는 제1차 세계대전 시기까지 이어졌다.

하지만 그 당시에도 모든 과학자가 단백질에 집착적인 태도를 취한 것은 아니다. 대표적인 인물은 덴마크의 의사이자 생리학자인 미켈 힌드헤데(Mikkel Hindhede)였다. 그는 독일의 선구자들이 제시한 단백질 필요량을 자기 자신에게 실험해본 결과, 단백질을 적게 먹을수록 건강상태가 개선되는 것을 경험했다. 이후 직접 사람을 대상으로 한 시험에서 호밀빵, 감자, 채소 등을 통해 하루 20~22그램의 단백질만 섭취하더라도 성인 남성이 농사일도 하고, 체중도 2킬로그램가량 증가할 수 있다는 사실을 확인했다.[3] 힌드헤데의 동료인 미국 예일대학교 생리화학 교수 러셀 치텐든(Russell Chittenden)도 하루에 40그램 미만의 단백질만 먹어도 육체적, 정신적으로 최상의 컨디션을 유지할 수 있다는 사실을 보고했다. 독일과 달리 덴마크에서는 저단백 식단을 옹호하는 힌드헤데가 정부의 신뢰를 얻었고, 제1차 세계대전 기간 중 덴마크의 식량정책을 입안하는 데 핵심적인 역할을 하게 됐다.

독일의 고기 중심 정책

생산적인 활동을 위해선 고기를 많이 먹어야 한다는 영양학적 신념이 지배하던 제1차 세계대전 당시 독일의 상황은 다음과 같았다. 1914년 전쟁이 시작되면서 영국은 독일과 동맹국으로 향하는 수출품을 해상에서 봉쇄했다. 식량, 사료와 비료의 약 3분의 1을 수입에 의존했던 독일은 이제 모든 것을 자급자족해야 하는 상황이 된 것이다. 게다가 비료로 써야 할 질소가 화약 제조를 위해 사용되고, 남성들과 말이 징집되면서 밀, 호밀, 감자 등 주요 작물의 생산량은 절반 이하로 감소했다. 그 결과 독일은 전쟁 기간 내내 식량 부족에 허덕이게 됐다. 배급되는 빵에 감자가 첨가되기 시작했고, 나중엔 양을 늘리기 위해 톱밥이 첨가되기까지 했다. 1918년 전쟁이 끝날 때까지 내내 이어진 식량위기로 인해 민간인 40~70만 명이 기아와 질병으로 사망했을 것으로 추정된다.

그런데 이렇게 식량이 부족했음에도 단백질 공급을 위한 가축사육은 계속됐다. 전쟁 초기 일부 농민들은 정부의 곡물 가격 상한선 설정에 항의하기 위해 곡식을 돼지 사료로 사용하기도 했다. 사람과 가축이 실질적인 먹이경쟁을 하는 상황이 된 것이다. 한편 군인과 육체노동을 하는 남성들에게 동물성 단백질이 우선적으로 배급되면서 민간인의 피해가 더욱 커졌다. 독일 군인은 1914년 매일 신선육 375그램과 가공육 200그램을 배급받았고, 1916년에는 그 양이 줄어 신선육 250그램과 가공육 150그램을 배급받았다. 해가 갈수록 배급되는 육류의 양은 감소했지만, 상당한 양의 육류가 군인들에게 제공됐다. 전쟁 전 수입하던 가축용 사료의 양이 600만 톤이었던 것을 감안하면, 동물성 단백질 생산을 위해 독일 민간인들이 희생해야 했던 식량의 양이 어느 정도였을지 짐작할 수 있을 것이다.

덴마크의 통곡물 중심 정책

반면, 힌드헤데가 주도한 1917년부터 1918년 사이 덴마크의 식량정책은 독일과 매우 달랐다. "정말 그랬단 말이야?"라는 말이 절로 나올 것이다.

덴마크 정부가 힌드헤데에게 기대했던 것은 전쟁 중 무역봉쇄로 발생한 식량위기 상황에서 기아와 사망을 최소화할 수 있는 식량정책이었다. 힌드헤데는 이미 호밀빵, 감자, 채소를 통해 20~22그램 수준의 매우 적은 양의 단백질만 섭취하더라도 생산적인 활동을 할 수 있다는 것을 알고 있었기 때문에 단백질 부족에 대한 걱정은 애초에 하지 않았다. 통곡물로 충분한 칼로리를 섭취하기만 하면 단백질은 저절로 충족된다고 판단했다. 오히려 단백질을 적게 섭취하는 것이 최고의 건강상태를 유지하는 데 도움이 된다고 생각했기 때문에 젖소를 제외한 돼지와 소의 수를 획기적으로 줄이고, 가축의 사료로 사용될 보리와 곡식을 사람이 먹을 수 있도록 했다.

또한 곡식의 양을 늘리기 위해 속껍질을 벗기지 않은 통곡물을 배급하고, 알코올 제조도 금지했다. 곡식의 속껍질은 단백질이 풍부해 단백질 공급원으로 달걀을 대체하는 역할도 했기 때문에 일거양득의 효과가 있었다. 덕분에 이 기간 동안 덴마크 사람들은 통호밀, 통밀, 보리죽, 감자, 채소, 우유, 약간의 버터 등으로만 식단을 구성할 수밖에 없었다.[4] 사람들이 이 음식들을 제대로 즐길 수 있도록 통곡물로 빵과 음식을 만드는 방법에 대한 홍보물을 배포하기도 했다. 힌드헤데 본인과 동료들이 실천하면서 건강 개선 효과를 검증했던 식단을 전 국민이 실천하게 된 것이다.

결과는 놀라웠다. 힌드헤데의 식량정책이 적용된 1917년부터 1918년은 식량위기 상황임에도 사망률이 이전 17년간 평균보다 34퍼센트나 감소했고, 당뇨병은 아예 사라졌다.[5] 이러한 사망률 감소는 덴마크 인구 300만 명 중 6,300명의 사망자가 감소했다는 것을 뜻한다. 만약 독일이 덴마크의 식량정책을 따랐다면 어땠을까? 덴마크와 비슷하게 사망자가 감소하거나, 최소한 기아로 인한 사망자는 발생하지 않을 수 있지 않았을까? 실제로 기아가 가장 심했던 1918년, 독일의 1인당 식량 생산량은 덴마크의 1인당 생산량보다 더 많았다.

전쟁 기간 중 독일에서 발생한 극심한 기아의 원인은 연합군의 봉쇄, 식량 생산량 감소 때문이 아니라 동물성 단백질에 집착하는 잘못된 영양학적 신념 때문은 아니었을까? 제1차 세계대전 시기 독일과 덴마크의 경험은 식량위기 시기에 동물성 단백질에 대한 집착을 신속하고, 효과적으로 내려놓지 못하면 수십, 수백만 명의 사람들이 기아로 목숨을 잃게 될 수 있다는 사실을 알려준다.

기후위기가 가져올 식량 불평등

기후위기는 필연적으로 식량 생산의 불안정을 초래해 국제 식량 가격의 폭등으로 이어질 수밖에 없다. 그리고 주요 식량 수출국들의 보호무역주의가 강화되면서, 상황은 더욱 악화될 가능성이 높다. 2022년 러시아의 우크라이나 침공은 식량 생산에 문제가 생길 때 어떤 일이 벌어질 수 있는지를 보여준다. 우크라이나는 '유럽의 빵 공장'이라는 별명이 있을 정도로 주요 식량 생산국이다. 2020년, 우크라이나는 국제적으로 거래되는 옥수수의 13.2퍼센트, 밀의 8퍼센트를 공급했다. 하지만 전쟁으로 인해 밀 수출량이 35퍼센트 감소하고, 봄에 제때 파종도 할 수 없어 우크라이나의 밀 생산 감소는 더욱 악화될 가능성이 높다.

우크라이나에서 곡물을 가장 많이 수입하는 곳은 중국과 유럽 국가들이다. 하지만 레바논, 리비아, 예멘, 이집트, 방글라데시, 인도네시아, 말레이시아 등의 저개발 국가들도 자국 밀 수

요의 14퍼센트에서 절반 정도를 우크라이나에 의존하고 있어 전쟁과 식량 공급 상황에 따라 연쇄적인 사회적 문제가 발생할 가능성이 있다. 특히 레바논, 리비아, 예멘과 같이 정치 상황이 불안정한 곳에서는 식량가격 폭등이 '아랍의 봄'과 같은 새로운 혁명의 도화선이 될 수도 있다. 기후위기로 인한 식량 불안정 또한 다양한 사회적 갈등의 불씨가 될 여지가 충분하다.

반면, 유럽처럼 경제가 발전한 지역에서는 곡물 부족은 식량 부족이 아닌 사료 부족을 뜻한다. 유럽 내 축산업 규모 1위와 4위인 스페인과 이탈리아는 우크라이나산 옥수수와 기타 사료작물에 대한 의존도가 높은 나라다. 러시아의 우크라이나 침공 후 우크라이나산 옥수수와 곡물 수입이 어려워지자 가축에게 제공하는 사료의 양을 줄이거나, 조기에 가축을 도축하는 축산농가가 증가하고 있다. 이는 육류와 우유, 달걀 등의 동물성 식품 및 이를 원료로 사용하는 가공식품의 가격 폭등으로 이어졌다. 똑같이 '식량위기'라 불리지만, 그 의미는 지역에 따라 매우 다를 수 있다. 어떤 지역에서는 사료 부족으로 인한 동물성 식품 섭취의 불편함을 뜻하고, 어떤 지역에서는 식량 부족으로 인한 생존의 위협을 뜻할 수 있다.

기후위기가 심화되면, 다양한 원인으로 인해 식량위기가 발생할 수 있다. 경제가 발전한 국가에서 동물성 식품 선호와 의존이 지속된다면, 저개발 국가를 비롯한 저소득층의 식량위기는 악화될 수밖에 없다. 늦었지만, 지금부터라도 사회적 혼란을 최소화하기 위해 영양학 패러다임의 신속한 전환을 준비해야 한다. 100년 전 제1차 세계대전 시기 독일과 덴마크의 경험에서, 우리는 기후위기 시대를 살아가는 데 필요한 교훈을 얻어야 한다.

건강을 해치는
저탄수화물 다이어트

저탄수화물 다이어트의 유행

진료실에서 체중이 증가한 사람들과 상담을 하다 보면, 요즘 유행하는 다이어트 법이 무엇인지 금방 알 수 있다. 체중감량을 위해 지금 무엇을 하고 있는지 물으면, 대부분의 사람은 운동을 시작하고, 탄수화물 섭취도 줄이고 있다고 답한다. 거의 예외가 없을 정도다. 탄수화물 때문에 살이 찐다는 생각으로 밥을 3분의 1공기 정도만 먹고 빵이나 라면, 과자 등도 끊었다고 한다. 그리고 근육을 유지하기 위해 닭가슴살이나 달걀,

단백질 파우더를 챙겨 먹는다고 대답한다.

하지만, 안타깝게도 이렇게 식단을 바꾼 사람들은 체중감량에 성공하더라도, 콜레스테롤이나 혈압, 혈당이 개선되지 않는 경우가 적지 않다. 가장 기억에 남는 사례는 30대 남성이었다. 체중을 10킬로그램 감량하고, 근육을 키웠는데도 총 콜레스테롤이 100mg/dl 이상 상승해 300mg/dl을 초과했다. 혈압이나 혈당도 고혈압 전 단계, 당뇨병 전 단계 수준에서 전혀 나아지지 않았다. 이렇게 '다이어트=닭가슴살'이라는 공식이 상식처럼 굳어지다 보니, 이제는 "샐러드 먹고 있어요"라는 말을 들어도 건강상태가 개선될 거라고 예상할 수 없는 상황이 됐다. 샐러드를 먹는다는 것은 상당량의 닭가슴살과 달걀을 함께 먹는 것을 뜻하기 때문이다. 상황이 이렇다 보니 "샐러드만 먹어도 콜레스테롤이 올라간다", "채식을 해도 콜레스테롤이 안 떨어진다", "고지혈증은 체질인가 보다"라는 말이 나오는 것이다.

당뇨병을 초래하는 동물성 단백질

현재 한국에서 확고하게 자리 잡은 저탄수화물 다이어트는 1970년대 시작해 전 세계적으로 유행하고 있다. 그래서 북미와 유럽에서는 단기적으로 체중감량 효과가 있는 저탄수화물 다이어트가 장기적으로도 건강에 긍정적인 영향을 미치는지에 대한 연구들이 다수 보고된 바 있다. 2020년 발표된 가장 최근 연구는 네덜란드 로테르담 지역에 거주하는 당뇨병이 없는 45세 이상 성인 6,822명을 1993년부터 2014년까지 22년간 추적 관찰한 연구다. 일명 '로테르담 연구(Rotterdam Study)'로 불리는 이 연구에서 탄수화물을 적게 먹고, 단백질을 많이 먹을수록 인슐린 저항성과 당뇨병 발생 위험이 증가하는 것이 확인됐다.[6] 인슐린 저항성에 관한 이야기는 뒤에 더 자세히 소개하겠다.

건강해지기 위해 탄수화물 섭취를 줄이고 단백질 섭취를 늘렸는데, 오히려 건강상태가 악화된 것이다. 진료실에서 거의 매일 관찰되는 현상이 로테르담 연구에서도 그대로 확인된다. 그런데 단백질이라고 다 같지는 않았다. 동물성 단백질은 많이 먹을수록 인슐린 저항성과 당뇨병 발생 위험이 증가했고, 식물성 단백질은 전혀 관련이 없었다. 사실 로테르담 연구에서 확인된 동물성 단백질 섭취 증가에 따른 당뇨병 발생 증가 현상은 새롭게 발견된 현상이 아니다. 최근 20여 년간 고단백 음식이 당뇨병 발생에 미치는 영향을 평가한 연구들의 결론은 아주 일관된다. 동물성 단백질을 먹을 경우에만 당뇨병이 증가하고,

식물성 단백질은 관련이 없다는 것이다.[7]

로테르담 연구의 특별함은 기존 연구들과 달리 동물성 단백질을 좀 더 세분화해서 당뇨병 발생 위험을 평가한 점이다. 육류(소, 돼지, 닭 등), 어패류, 우유 및 유제품 세 가지 유형의 동물성 단백질은 모두 많이 먹을수록 당뇨병을 증가시켰다. 연구 결과를 한국 상황에 맞게 다시 계산하면 다음과 같다. 밥 한 공기를 안 먹는 대신 육류, 어패류, 우유 및 유제품의 동물성 단백질을 더 먹으면, 당뇨병 발생 위험이 각각 174퍼센트, 349퍼센트, 86퍼센트 증가한다. 욕심을 더 많이 내 밥 두 공기를 안 먹는 대신 육류, 어패류, 우유 및 유제품의 동물성 단백질을 더 먹으면, 당뇨병 발생 위험이 각각 653퍼센트, 1,918퍼센트, 246퍼센트 증가한다. 결과가 어리둥절할 것이다. 체중감량을 하려고 탄수화물을 줄이고 동물성 단백질을 더 많이 먹는 건데, 이렇게 당뇨병이 많이 발생할 수 있다니! 하지만, 이런 현상은 이미 한국에서 발생했고, 객관적인 역사적 사실로도 확인된다.

한국인의 쌀, 밀, 보리, 옥수수, 감자, 고구마 등 녹말 음식 하루 섭취량은 1973년 771.2그램에서 2019년 460.3그램으로 40퍼센트 감소했다. 반면 같은 기간 육류는 17.4그램에서 230.8그램으로 13.3배, 어패류는 94.8그램에서 156.3그램으로 1.6배, 우유 및 유제품은 8.4그램에서 29.1그램으로 3.5배 증가했다. 약 50년 동안 녹말 음식 섭취는 310.9그램 감소했고, 동물성 식품 섭취는 295.6그램 증가했다. 같은 기간 한국인의 당뇨병 유병률은 1970년대 2~3퍼센트 수준에서 2018년 13.8퍼센트로 5배 이상, 즉 500퍼센트 이상 증가했다. 로테르담 연구에서 확인한 결과들이 단지 이론적인 분석이 아니라, 이미 한국에서 벌어진 현상에 대한 훌륭한 설명인 것이다.

만성질환을 유발하는 동물성 단백질

저탄수화물 식단의 문제는 단지 당뇨병에 그치지 않는다. 단백질 섭취량 증가와 사망 위험의 관련성을 분석한 또 다른 로테르담 연구에서, 단백질을 많이 먹을수록 사망 위험이 증가하는 것이 확인됐다. 특히 동물성 단백질을 많이 먹을수록 심혈관질환으로 인한 사망이 증가했다. 동물성 단백질 중에서는 육류와 유제품이 심혈관질환으로 인한 사망의 주요인이었다.[8] 반면 식물성 단백질은 사망 위험 증가와 관련이 없었고 콩류, 견과류, 채소, 과일 등의 음식으로 단백질을 더 많이 먹을수록 사망 위험은 감소했다. 이런 경향은 최근 20년간 발표된 단백질 섭취와 사망 위험의 관련성을 분석한 11개의 연구를 취합한 메타분석에서도 동일하게 확인됐다. 칼로리 기준으로 단백질을 5퍼센트 더 섭취할 때마다 사망 위험이 2퍼센트씩 증가했는데, 역시 동물성 단백질로 인한 심혈관질환 사망 증가가 주된 원인이었다. 동물성 단백질을 칼로리 기준으로 5퍼센트 더 섭취할 때마다 심혈관질환 사망 위험이 9퍼센트씩 증가했다. 반면 식물성 단백질은 칼로리 기준으로 5퍼센트 더 섭취할 때마다 심혈관질환 사망 위험이 13퍼센트씩 감소했다.

물론 단백질을 많이 먹을수록 사망 위험이 감소한다는 연구 결과도 있다. 단백질 섭취와 사망 위험의 관련성을 분석한 31개 연구를 취합한 또 다른 메타분석에서는 단백질을 많이 먹을수록 사망 위험이 감소하는 현상이 관찰됐지만, 사망 위험 감소는 식물성 단백질 섭취 증가와만 관련이 있었다. 식물성 단백질을 칼로리 기준으로 3퍼센트 더 섭취할 때마다 사망 위험이 5퍼센트씩 감소했다.[9] 반면, 동물성 단백질은 사망 위험 감소와 전혀 관련이 없었다.

이상의 연구 결과들을 감안하면, 체중감량을 위해 탄수화물 섭취를 줄이고 단백질, 특히 동물성 단백질을 더 많이 먹는 다이어트가 얼마나 위험한 선택인지 알 수 있을 것이다. 저탄수화물 다이어트는 특정 시기까지 급격히 체중을 감량할 필요가 있을 때, 건강상태 악화를 감수하고 선택할 수 있는 다이어트 방법이다. 하지만, 저탄수화물 식단을 건강한 식단이라고 착각해 장기간 실천할 경우 사망 위험, 특히 심혈관질환 사망 위험이 증가할 수밖에 없다. 꼭 고단백 다이어트를 하고 싶다면, 식물성 단백질로 시도하는 것이 좋다.

한국인의 식단과 건강상태 변화

동물성 단백질 섭취 증가가 심혈관질환 사망을 증가시킨다는 연구 결과들은 한국에서도 그대로 확인된다. 1973년부터 2019년까지 한국인의 식단변화를 칼로리 기준으로 살펴보면, 녹말 음식을 통한 칼로리 섭취는 56.1퍼센트 감소했고, 동물성 식품을 통한 칼로리 섭취는 463퍼센트 증가했다. 아울러 설탕과 식용유를 통해 섭취하는 칼로리도 각각 462퍼센트, 1,590퍼센트 증가했다(그림 5 참조). 이렇게 한국인의 식단이 변하는 기간 동안, 한국인의 심근경색 사망률은 1983년 인구 10만 명당 1.6명에서 2020년 19.3명으로 1,206퍼센트 증가했고, 그 외 허혈성심장질환 사망률도 인구 10만 명당 0.7명에서 7.8명으로 1,114퍼센트 증가했다.[10] 현재도 한국인의 동물성 식품 섭취는 계속해서 증가하고 있고, 녹말 음식 섭취는 계속해서 감소하고 있다. 과연 한국인의 당뇨병과 심혈관질환은 어떻게 변하게 될까? 더 이상 피해가 커지기 전에, 이제부터라도 저탄수화물 다이어트의 환상에서 깨어나야 한다. 동물성 단백질이 건강에 좋다는 미신적 믿음에서도 하루빨리 벗어나야 한다.

[그림 5] 한국의 음식별 칼로리 섭취 비율 변화

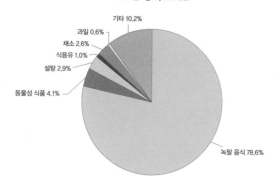

1973년: 총 3,061kcal

기타 10.2%
과일 0.6%
채소 2.6%
식용유 1.0%
설탕 2.9%
동물성 식품 4.1%
녹말 음식 78.6%

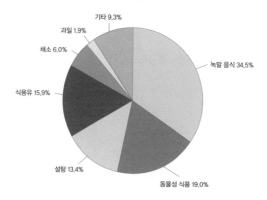

2019년: 총 3,450kcal

기타 9.3%
과일 1.9%
채소 6.0%
식용유 15.9%
녹말 음식 34.5%
설탕 13.4%
동물성 식품 19.0%

• 출처: UN FAO

성장 집착이
아이들의 건강과 지구를 망친다

단백질에 관한 오래된 오해

앞서 살펴본 것처럼 동물성 단백질은 당뇨병 발생 위험을 높이고, 심혈관질환 발생과 사망 위험을 증가시킨다. 당뇨병은 현대인이 겪고 있는 만성질환의 종합 선물 세트나 다름없다. 각종 혈관질환, 신경계질환, 안과질환, 신장질환, 면역력 저하 관련 질환, 암 등 모든 만성질환과 관련 있다. 따라서 당뇨병 발생 위험을 증가시키는 동물성 단백질은 모든 만성질환의 발생 위험 또한 높일 수 있는 것이다. 그럼에도 불구하고 대부분의 사람은 "동물성 단백질이 질이 높다", "아이들의 성장에 꼭 필요하다"라며 포기할 수 없다고 말한다. 하지만, 단백질의 질이 높다는 것은 건강에 도움이 된다는 의미가 전혀 아니다. 오히려 정반대의 의미다.

보통 단백질의 질은 태어난 지 며칠 안 된 실험동물에게 같은 양의 단백질을 먹였을 때 10일간 체중이 얼마나 증가하는가로 평가한다. 체중이 많이 증가하면 질이 높은 것이고, 체중이 적게 증가하면 질이 낮은 것이다. 즉, 동물성 단백질을 먹으면 조금만 먹어도 체중이 금방 늘기 때문에 질이 높다고 하는 것이고, 식물성 단백질은 많이 먹어도 체중이 잘 늘지 않기 때문에 질이 낮다고 하는 것이다.

이런 개념은 영양결핍으로 발육부진이 만연한 상황에서는 유용할 수 있지만, 한국과 같이 이미 영양과잉으로 인한 비만과 당뇨병, 고지혈증, 고혈압, 심혈관질환, 암 등이 만연한 상황에선 더 이상 긍정적인 의미가 있다고 말하기 어렵다. 과연 현재 한국에서 체중이 증가하지 않아 걱정하는 사람들이 많을까? 체중을 감량하지 못해 걱정하는 사람들이 더 많을까? 체중을 감량하지 못해 걱정인 사람들이 압도적으로 많다. 그렇다면 많이 먹어도 체중이 증가하지 않는 식물성 단백질을 더 우선으로 권장해야 하지 않을까? 그리고 이렇게 비만과 질병을 예방하는 효과가 있는 식물성 단백질을 더 질이 높다고, 더 건강한 단백질이라고 불러야 하지 않을까?

인간을 가축화하는 빠른 성장

체중을 빨리 증가하게 만들고, 성장을 촉진하는 동물성 단백질을 질이 높다고 규정하는 건 인간을 공장식 축산의 가축과 비슷하게 바라보는 것이나 다름없다. 대량생산 시스템 안에서 제품을 생산할 양질의 노동력을 빨리 키워내는 것에 초점이 맞춰진 영양학적 개념이라고 볼 수 있다. 어차피 도살될 가축들의 건강이 중요하지 않듯이, 이 노동자들이 중년 혹은 노년 이후에 어떻게 병에 걸려 죽게 되든지 크게 신경 쓸 일이 아니라는 듯한 태도다.

한국에서 성장에 대한 집착은 매우 강력하다. 부모들의 최대 관심사는 자녀들의 성적과 키다. 아무리 식물성 위주 식단이 건강에 좋다고 설명해도, 성장기엔 고기와 우유를 먹어야 키가 큰다며 아예 귀를 닫는 부모들을 많이 만났다. 그런 이유에서인지 한국은 지난 100년간 전 세계에서 키가 가장 많이 커진 나라 중 하나가 되었다. 여성은 평균 20.1센티미터가 증가해 세계 1위, 남성은 평균 15.1센티미터가 증가해 세계 3위를 차지했다.[11] 대다수의 사람은 이런 변화를 뿌듯한 마음으로 바라봤겠지만, 나는 걱정이 앞섰다. 바로 키가 클수록 암 발생 위험 또한 커지기 때문이다.

큰 키와 과속 성장이 암을 부른다

2018년 세계암연구기금과 미국암연구소는 공동보고서를 통해 키가 클수록 대장암, 유방암, 난소암이 증가하는 게 확실하며, 췌장암, 자궁내막암, 전립선암, 신장암, 피부암 또한 아마도 더 많이 발생할 것이라고 발표했다.[12] 공교롭게도 대장암, 유방암, 전립선암은 지난 수십 년간 한국에서 가장 급격하게 증가한 암이다. 2019년 한국인 2,280만 명을 대상으로 한 연구에서 키가 5센티미터 클 때마다 평균 9퍼센트 모든 부위에서 암 발생이 증가하고, 성별로 분석했을 때는 남녀 각각 5퍼센트, 11퍼센트씩 암이 더 많이 발생한다는 사실이 밝혀졌다. 거의 대부분의 암이 키가 클수록 많이 발생했고, 이런 경향은 여성과 비흡연 남성에게서 더 강하게 나타났다.[13] 큰 키가 흡연과 같은 강력한 발암물질을 압도할 만큼은 아니지만, 암 발생 증가와 분명한 관련성이 있는 것이다. 영국 여성 100만 명을 9년간 추적 관찰한 연구에서도 키가 10센티미터 클 때마다 모든 종류의 암 발생이 평균 11퍼센트 증가하는 것이 확인됐다.[14]

물론 큰 키는 직접적인 위험인자라기보다는 유전자, 환경, 호르몬, 영양 등 성장에 영향을 미치는 다양한 요인들의 복합 작용에 대한 지표다. 세계암연구기금은 큰 키와 암 발생 증가의 중요한 연결고리로 키 성장을 촉진하는 IGF-1(Insulin-like Growth Factor-1: 인슐린유사성장인자-1)이라는 성장호르몬에 주목한다. 혈중 IGF-1 수준이 높을 경우 유전자에 문제가 있는 세포가 스스로 사멸하는 기능이 억제되고, 세포의 성장이 촉진돼 암 발생이 증가하는 것으로 알려져 있다. 음식 중 대표적으로 IGF-1 수준을 높이는 음식은 우유 및 유제품이다. 성장을 촉진하는 붉은 육류도 유전자 돌연변이를 증가시켜 세포사멸을 감소하게 하고, 세포의 증식을 촉진해 암 발생률을 높인다.[15] 즉, 소위 성장을 촉진한다고 알려진 육류와 우유가 정상적인 세포뿐만 아니라 암세포의 성장까지 촉진해 키가 클수록 암 발생이 증가하는 현상을 초래한다는 것이다.

성장 집착이 기후를 악화시킨다

한편, 키 성장에 대한 집착은 기후위기를 악화시키는 중요한 요인이 될 수 있다. 남들보다 내 자녀가 더 빠르게 많이 크길 바라는 마음에 동물성 식품과 우유 및 유제품을 자녀들에게 챙겨 먹일수록 아마존 밀림이 파괴되고, 해양생태계가 붕괴되면서 해양 블루카본이 대기로 방출될 수 있기 때문이다. 한국의 경우 건강을 위해 식단을 순 식물성으로 바꾸려 할 때 가장 큰 걸림돌 중 하나가 자녀의 키 성장이라는 점을 생각하면 키 성장에 대한 집착이 기후위기를 심화하는 요인이 될 수 있다는 주장이 과장이 아니라는 걸 이해할 수 있을 것이다. 과도한 성장 집착은 오히려 자녀들의 건강상태를 악화할 수 있고, 키 성장을 방해할 수도 있다.

초경 연령 저하와 성장 집착

지난 수십 년간 성장에 대한 집착이 한국을 지배하면서, 청소년들의 성장 속도는 엄청나게 빨라졌다. 이런 변화는 초경 연령의 급격한 저하로 가장 먼저 확인된다. 2003년에 태어난 여성들의 초경 연령은 평균 만 12.6세였다.[16] 평균적으로 초등학교 6학년에 초경을 하지만, 초등학교 3~4학년쯤에 초경을 하는 여자아이들도 드물지 않다. 하지만, 1920년대에 태어난 여성들은 평균 만 16.9세에 초경을 했다.[17] 고등학교 1학년에서 2학년으로 넘어갈 즈음에 초경을 했던 것이다. 이렇게 초경 연령이 어려지면서 조기 초경의 기준도 점점 어려지고 있다. 과거엔 조기 초경이라고 진단했을 법한 연령대의 초경이 이제는 정상 초경이 됐다. 조기 초경의 일반화가 진행되고 있는 것이다. 초경 연령이 어려지면 평생 노출되는 여성호르몬의 양이 많아지면서 유방암을 비롯해 각종 여성호르몬 관련 질환이 증가하게 된다.

그렇다면 과연 몇 살에 초경을 하는 것이 정상일까? 만 17세일까? 12세일까? 적절한 초경 연령에 대한 답을 찾기 위해서는 초경의 의미를 되새겨봐야 한다. 초경은 임신이 가능해진다는 것을 뜻한다. 이를 감안하면, 몇 살에 초경을 하는 것이 적절하냐는 질문은, 몇 살에 임신을 하는 것이 적절하냐는 질문과 같다. 만 12세에 임신을 하는 것이 적절할까? 만 17세에 임신을 하는 것이 적절할까? 중학생 연령대에 임신을 하는 것이 적당하다고 생각하는 사람은 없을 것이다. 최소한 고등학교 2~3학년 정도 나이는 되어야 임신을 감당할 수 있으리라 생각할 것이다. 이런 상황을 감안하면 만 17세를 전후해서 초경을 하는 것이 정상이며 적절하다. 성장 집착이 아이들의 초경 연령 저하와 10대 임신 증가의 원인인 것이다.

조기 초경으로 성장도 빠르게 종료된다

한편 초경 연령 저하는 과속 성장과 성장 기간 단축을 뜻하기도 한다. 보통 여성 청소년은 초경 전 1년간 급속 성장을 하고, 초경 이후 5~7센티미터 정도 더 큰 후 성장이 멈춘다. 남성 청소년은 여성 청소년보다 1~2년 늦게 급속 성장과 성장둔화가 발생한다. 과거보다 4년 이상 초경 연령이 어려지면서 남녀 모두 급속 성장 연령이 어려지고, 성장 기간도 단축됐다. 과거엔 고등학교를 입학할 즈음에 급속 성장을 하고, 고등학생 때까지 성장을 했지만, 요즘은 초등학교를 졸업할 즈음에 급속 성장을 하고, 중학생 때 성장이 멈추는 것이 일반화됐다.

한편, 초경 연령이 과도하게 어려지면 성장이 과도하게 촉진돼 성장 기간 자체가 너무 짧아져 조기에 성장이 멈출 수 있다. 이 경우 또래보다 키가 작을 가능성이 증가한다. 과속 성장의 부작용인 것이다. 2차 성징도 보통 초경 30개월 전에 시작하는 것으로 알려져 있어서, 초경 연령 저하는 성조숙증의 증가도 초래한다. 이 역시 과속 성장의 부작용이다. 과속 성장의 부작용은 성장 조기 종료, 성조숙증 외에도 자궁내막증, 월경 전증후군, 비만, 당뇨병, 고혈압, 심혈관질환 등과도 관련 있다.

이제 성장 집착에서 벗어나야 한다. 성장 집착으로 인한 동물성 단백질과 우유 섭취 증가는 우리 자녀들의 건강을 해칠 뿐만 아니라, 우리 자녀들이 살아갈 미래의 환경도 더욱 황폐하게 만들기 때문이다.

현대 만성질환의 모든 원인, 인슐린 저항성

만성질환 팬데믹

현재 경제적으로 발전한 지역의 사람들은 전염성질환보다는 만성질환에 의해 주로 사망한다. 한국도 2019년 기준 전체 사망자의 79.9퍼센트가 만성질환에 의해 사망하고 있다. 10대 사망원인 중 만성질환은 암, 심장질환, 뇌혈관질환, 당뇨병, 알츠하이머병, 간질환, 만성하기도질환, 고혈압성질환 등 여덟 가지이고, 만성질환이 아닌 원인은 자살을 제외하면 폐렴 하나뿐이다.[18] 다양한 만성질환은 저마다의 발생 원인을 가지고 있지만, 영양 및 대사적 측면에서는 인슐린 저항성이라는 기저상태를 공유하고 있다. 인슐린 저항성이 어떻게 다양한 만성질환의 발생에 기여하는지 이해하기 위해서는 우선 인슐린 저항성이 무엇을 뜻하고, 인슐린이라는 호르몬의 기능이 무엇인지 이해하는 것이 필요하다.

인슐린 저항성 상태의 악순환

인슐린은 췌장의 베타세포에서 생산되는 단백질 호르몬이다. 혈액 속의 포도당(혈당)을 세포로 흡수시키고, 세포에 흡수된 여분의 포도당을 지방으로 저장하는 역할을 한다. 인슐린 저항성은 인체의 세포들이 인슐린에 내성 혹은 저항성을 보이는 상태다. 이때 혈당을 조절하기 위해서 더 많은 인슐린이 필요해진다. 한마디로 인슐린의 '약발'이 떨어져서 인슐린 농도를 더 높여야 하는 상태다. 이렇게 인슐린 농도가 필요 이상으로 높은 상태가 지속되면 지방조직, 간, 근육 내에 지방이 점점 더 많이 축적된다. 그뿐만 아니라 혈액 중 중성지방과 콜레스테롤 수준이 증가하고, 혈당도 조금씩 상승하며, 이로 인해 혈관 내 피세포의 기능도 떨어져 혈압도 상승하게 된다. 인슐린의 기능은 매우 다양해 인슐린 저항성 상태가 되면 앞에서 언급한 문제들 외에 또 다른 다양한 건강 문제가 발생할 수 있다.

인슐린은 기본적으로 단당류, 지방산, 아미노산 등의 작은 분자를 다당류, 지방, 단백질, 핵산 등 큰 분자로 합성하고 저장하는 동화호르몬이다. 동화 호르몬은 합성대사와 관련해 신체 기관의 구성을 촉진하는 역할을 한다. 인슐린이 많이 분비될 때는 체내에 '분해'와 관련된 대사과정이 억제되고, '합성'과 관련된 대사과정이 촉진된다. 이런 과정은 인체의 성장과 밀접한 관련이 있어서 어려서부터 인슐린이 필요 이상으로 많이 분비되면 성장 속도가 빨라진다. 따라서 체중 증가, 키 성장, 2차 성징 등을 촉진하는 데 기여하게 된다. 지난 수십 년간 한국에서 관찰된 청소년의 초경 연령 저하, 성조숙증, 소아비만 증가, 성장 기간 단축, 성장 속도 증가 등의 현상은 인슐린 저항성의 조기 발생과 관련이 있다.

인슐린 호르몬의 원래 기능

인슐린은 혈당을 세포에 흡수시켜 지방합성을 촉진하는 대표적인 기능 이외에도 식사를 통해 흡수된 아미노산을 세포에

합성시켜 단백질과 DNA 복제를 촉진해 세포의 증식과 분열을 가속화한다. 또 세포막의 성분인 콜레스테롤 합성을 촉진하고, 손상된 세포의 자가포식(Autophagy)을 억제하고, 위산 분비를 돕고, 신장의 나트륨 배설을 막고, 식욕을 참는 등의 기능을 한다. 모두 생존 및 성장과 관련 있는 기능들이다.

하지만 세포들이 인슐린에 저항하기 시작하면, 필요 이상으로 많은 인슐린이 분비되기 시작하면서 비만과 체지방 증가, 지방간, 고지혈증, 고혈압, 암세포 증식 촉진, 면역력 및 회복력 저하, 동맥경화 등의 문제가 진행되기 시작한다. 모두 앞서 언급한 다양한 만성질환과 관련 있는 현상들이다.

인슐린 저항성의 원인은 먹는 것에 있다

그렇다면 인슐린 저항성의 원인은 무엇일까? 우리가 먹는 음식들의 영양소 중 지방은 가장 먼저 세포에 흡수되어 지방 창고로 들어간다. 정상적인 상태라면 우리가 먹은 지방은 혈액으로 흡수된 후 10분 이내에 세포로 흡수되어 혈액에서 사라진다. 반면 포도당과 아미노산은 바로 세포로 들어갈 수 없고 인슐린의 도움을 받아야지만 들어갈 수 있다. 이 때문에 인슐린 저항성의 가장 1차적인 원인은 과도한 지방 섭취라고 볼 수 있다. 동물성이든 식물성이든 지방이 많은 음식을 먹으면 그 지방이 세포들의 인슐린 민감성을 떨어뜨려 더 많은 인슐린이 분비되도록 만든다. 따라서 인슐린 저항성을 감소하게 만들고 민감성을 높이려면 지방이 많은 음식 섭취를 최소화해야 한다. 만약 세포 내에 지방 창고가 포화되는 일이 가끔 일어난다면, 큰 문제가 일어나지는 않는다. 가끔 일시적으로 인슐린 농도가 높아지더라도 금방 적절한 수준으로 떨어져 만성적인 문제가 발생하지 않기 때문이다. 하지만, 매일 식사 때마다 지방과 설탕, 동물성 단백질이 많은 음식을 먹으면 세포 내 지방 창고의 포화상태가 지속돼 세포들이 인슐린에 저항하는 상태가 계속될 수밖에 없다. 그러면 우리 몸은 필요 이상으로 높은 인슐린에 의해 다양한 건강 문제를 겪을 수밖에 없고, 이런 상태가 수십 년 이어지면 사망을 초래할 정도의 심각한 질병이 발생하게된다.

세포의 인슐린에 대한 민감성 혹은 저항성은 세포 안에 있는 지방 창고가 얼마나 가득 차 있느냐에 의해 결정된다. 만약 세포 안의 지방 창고가 지방으로 가득 차 있으면 세포는 혈당이 세포 안으로 들어오는 것을 차단하게 된다. 혈당을 흡수해도 지방으로 저장할 수 없으니 세포 입장에서는 아주 합리적인 반응이다. 하지만, 몸 전체 입장에서는 혈당이 세포 안으로 들어가지 못하는 상황은 위험하다. 과도하게 많이 떠도는 혈당이 단백질과 결합해 변성을 초래하고, 다양한 문제를 일으키기 때문이다. 그래서 우리 몸은 이런 상황이 되면 인슐린을 더 많이 분비해서 세포 안으로 혈당을 더욱 꾸역꾸역 흡수시키게 되는데, 이것이 바로 인슐린 저항성이다.

인슐린 분비를 촉진하는 동물성 단백질

그다음으로 중요한 인슐린 분비의 원인은 설탕과 같은 단순당과 동물성 단백질이다. 설탕과 같은 단순당을 많이 먹으면 인슐린 분비가 촉진된다는 사실은 잘 알려져 있다. 따라서 만성질환 관리를 위해 설탕 섭취를 줄이는 건 이미 상식이 되었다. 하지만 동물성 단백질이 인슐린 분비를 촉진한다는 사실은 잘 알려져 있지 않다. 만성질환 관리를 위해 동물성 단백질을 줄이려는 노력을 하는 사람들도 거의 없는 이유다. 그렇다보니 아무리 지방과 설탕, 탄수화물을 줄이는 식단 관리를 하더라도 동물성 단백질을 계속 먹다 보니 만성질환이 제대로 관리되지 않고 점점 악화되는 상황이 지속되고 있다. 동물성 단백질은 설탕 수준으로 인슐린을 분비시키기에, 우리가 설탕을 피하려 노력하는 만큼 동물성 단백질도 피하려 노력해야 한다.

지방이 없는 소고기 안심을 먹으면 인슐린이 공복 상태의 3배까지 증가하고, 혈중 중성지방도 60mg/dl 증가한다.[19] 코티지치즈도 인슐린을 공복 상태의 3배 이상으로 높이고,[20] 달걀흰자도 인슐린을 2배 이상 증가시킨다.[21] 다양한 동물성 단백질의 인슐린 분비 효과를 비교했을 때 인슐린 분비 효과가 가장 큰 것은 유청이었고, 그다음은 참치, 칠면조, 달걀흰자 순이었다.[22] 유청은 우유의 액체 성분 단백질로 단백질 보충제의 핵심 성분 중 하나다. 단백질 보충제를 먹고 근육량이 단기간에 더 빨리 증가하는 것은 유청이 인슐린을 과도하게 분비하게 만들어, 세포로 아미노산 유입을 증가시키고, 근육 합성을 촉진하기 때문이다. 하지만 이로 인해 고지혈증, 지방간, 고혈압 등의 인슐린 저항성 관련 다양한 건강 문제들이 발생하기 쉬워진다.

열심히 운동하고, 닭가슴살, 달걀, 단백질 보충제 등을 챙겨 먹으면서 체중을 감량하고, 근육량을 늘렸지만, 콜레스테롤, 혈당, 혈압, 간효소 수치 등이 상승한 사례를 진료실에서 드물지 않게 만나게 되는 이유가 바로 동물성 단백질의 인슐린 분비 촉진 효과 때문이다.

단백질의 인슐린 분비는 분지아미노산(Branched-Chain Amino

Acids, BCAA) 중 하나인 류신이 인슐린 분비를 촉진하고, 포도당에 대한 인슐린 반응을 높이는 것과 관련 있다. 최근엔 혈중 분지아미노산뿐만 아니라 방향족 아미노산(Aromatic Amino Acids)과 트립토판의 농도가 높을 경우 혈당이 높은 것보다 인슐린 저항성을 더 잘 예측한다는 연구 결과들도 발표되고 있다. 분지아미노산, 방향족 아미노산, 트립토판은 특히 동물성 단백질에 풍부한 아미노산들이다. 이렇게 아미노산 조성이 다른 덕분에 식물성 단백질은 동물성 단백질보다 인슐린을 50~65퍼센트가량 적게 분비시키고,[23] 많이 먹더라도 인슐린 저항성을 유발하지 않는다.[24] 앞서 로테르담 연구에서 관찰된 동물성 단백질을 많이 먹었을 때 당뇨병이 증가하는 현상이나, 제1차 세계대전 기간 중 덴마크 국민에게 동물성 단백질 섭취가 제한됐을 때 당뇨병이 사라지고 사망률이 감소한 경험들은 동물성 단백질의 인슐린 분비 촉진 효과를 빼놓고서는 설명할 수 없다.

경고반응을 무시해도 인슐린 저항성이 생긴다

물론, 인슐린 저항성은 건강하지 못한 식단에 의해서만 발생하는 건 아니다. 신체 활동 부족, 수면 부족, 스트레스 등 다양한 요인들의 상호작용에 의해 발생한다. 하지만 다른 어떤 요인들보다 식단이 미치는 영향이 가장 크다. 단순히 지방과 당분, 동물성 단백질이 많은 음식을 한두 번 먹는다고 발생하지는 않는다. 이런 음식들을 매끼, 매일, 십수 년 이상 반복해서 먹을 때 발생한다. 2018년 국민건강영양 조사에서 10~18세 청소년들의 고지혈증 유병률이 28.1~29.7퍼센트에 달한다는 연구 결과를 참고하면,[25] 유발요인에 노출된 후 인슐린 저항성이 바로 발생하지는 않지만, 생각보다 어린 시기에 시작된다는 것을 알 수 있다.

생명을 위협하는 심각한 질병이 발생하기까지는 수십 년이 필요하지만, 전조 증상은 수년에서 십수 년 사이에 발생한다. 안전하게 질병을 예방하려면 질병의 전조 증상에 해당하는 경미한 경고반응들이 보일 때부터 관리를 시작해야 한다. 하지만 대부분의 사람은 10대 때부터 발생하는 이 경고를 무시하고 방치하다 결국 다양한 만성질환으로 사망에 이르게 된다.

만성질환과 기후위기는 닮아 있다

그런 점에서 현대인들이 겪고 있는 만성질환은 기후위기와 닮은 점이 많다. 기후위기도 인간이 다양한 온실가스를 배출하자마자 발생하지 않는다. 지구의 바다와 숲, 다양한 생명체들이 온실가스를 흡수해준 덕분에, 지난 200년간 꾸준히 인간이 온실가스를 배출해왔음에도 기후위기로 인한 재앙을 체감하기 어려웠다. 전문가들과 환경에 관심 있는 사람들에게만 전조 증상이 인지됐을 뿐이다. 하지만 생태계의 온실가스 흡수 능력에도 한계가 있어서, 인간이 그 한계 이상으로 온실가스를 배출하면 그때부터는 배출된 온실가스가 고스란히 기후위기와 관련된 다양한 재앙을 촉발하게 된다.

현재는 일반인들도 기후위기의 증상을 인식할 수 있을 정도로 기후위기가 꽤 진행된 상황이다. 더 늦기 전에, 경미한 증상 단계를 넘어서 심각한 질병으로 진행되기 전에 온실가스 배출을 줄이고, 대기 중 온실가스를 더 많이 흡수하기 위한 실천에 돌입해야 한다. 생명을 위협하는 다양한 만성질환이 발생한 상황에서도, 인슐린 저항성의 원인이 되는 행동들만 중단하면 병세는 확연히 호전된다. 심각한 상태에서 경미한 상태로, 다시 증상 자체가 사라지는 거의 정상에 가까운 상태로까지 나아질 수 있다. 심뇌혈관질환, 암, 당뇨병, 만성간질환, 만성하기도 질환, 심지어 알츠하이머병 상태에서라도 과도한 지방, 당분, 동물성 단백질 섭취를 중단하고, 적절한 운동과 더불어 충분한

수면을 취하고 스트레스를 관리하면, 생명의 위협에서 벗어날 수 있을 것이다.

공교롭게도 인간의 건강을 위한 식단은 기후위기 완화를 위해 모든 인류가 실천해야 할 식단이기도 하다. 동물성 단백질과 식용유, 설탕을 배제한 식단은 최근 '자연식물식(WholeFood, Plant-Based diet, WFPB diet)'으로 불리고 있다. 건강 악화에 의해서든, 기후위기 관련 재앙에 의해서든, 생명의 위협을 피하기 위해 우리의 식단을 자연식물식으로 근본적으로 전환하지 않으면 안 되는 상황에 있다. 하지만 절망할 필요는 없다. 우리가 변화를 위한 실천을 한다면, 미래는 분명 달라질 것이기 때문이다.

미래를 위협하는 건강 재앙, 치매

앞으로 가장 큰 사회적 부담이 될 만성질환은 치매다. 현재까지 치료도 어렵고, 질병의 발생에 대한 이해도 매우 부족한 상황이다. 2019년 65세 이상 인구 중 치매환자의 비율은 11.2퍼센트에 달했다. 2010년 4.8퍼센트에서 불과 9년 만에 3배 가까운 수준으로 증가한 것이다. 앞으로 치매환자는 계속해서 증가할 것으로 예상된다. 20년마다 치매환자 수가 2배씩 증가할 것이다.

치매 문제의 심각성은 단지 환자수가 증가하는 것만으로는 제대로 인식하기 어렵다. '치매환자 1명을 부양하기 위해 필요한 15~64세 사이 생산가능인구 숫자'를 뜻하는 '치매의존비'가 2020년 44.9명에서 2045년 10명, 2065년 5.6명으로 급격히 감소할 것으로 예상된다. 40년 후면 국가 전체적으로 생산가능인구 5~6명이 치매환자 1명을 부양해야 하는 상황이 되는 것이다. 과연 이런 사회에서 한국은 지금과 같은 역동성을 계속해서 유지할 수 있을까?

지금 당장 치매 부담을 줄이기 위한 과감한 선택을 하지 않으면 현재와 같은 번영은 지속되기 어렵다. 어쩌면 기후위기가 없더라도 치매로 인해 한국은 점차 큰 재앙을 맞이할 수밖에 없을지도 모른다. 치매는 크게 뇌 자체의 퇴행적 변화로 인해 발생하는 알츠하이머병과 뇌혈액순환에 문제가 생겨 발생하는 혈관성 치매로 나눌 수 있다. 알츠하이머병이 전체의 60~70퍼센트를 차지하고, 혈관성 치매가 20~30퍼센트를 차지한다. 하지만 치매를 이렇게 두 가지로 명확하게 구별할 수 없는 경우가 많다. 알츠하이머병에서도 혈관 변화가 동반된 경우가 많고, 혈관성 치매에서도 알츠하이머병의 병리 소견이 발견되는 경우가 많기 때문이다.

그런데 최근 알츠하이머병이 '뇌에 발생하는 당뇨병' 혹은 '제3형 당뇨병'이라는 가설이 점점 힘을 얻고 있다. 앞서 살펴본 것처럼 당뇨병은 인슐린 저항성이 악화되어 발생하는 대표적인 질환이다. 인슐린 저항성을 유발하는 행동만 하지 않으면 얼마든지 당뇨병을 정상 수준으로 되돌릴 수 있다는 연구들이 있는 것을 감안하면, 알츠하이머병이 뇌에 발생하는 당뇨병이라는 가설은 매우 희망적이다. 인슐린 저항성을 유발하는 행동만 중단하면 뇌에 발생하는 인슐린 저항성도 예방할 수 있다는 뜻이기 때문이다.

당뇨병과 알츠하이머병은 많은 공통점이 보고되고 있다. 역학적으로도 당뇨병 환자에서 알츠하이머병이 많이 발생하는 것이 확인된다. 알츠하이머병의 주요 병리 소견인 '아밀로이드 판'이나 '신경 섬유매듭'이 당뇨병 환자의 뇌 조직에서도 흔하게 발견되고, 당뇨병 환자의 췌장에서도 관찰된다. 그리고 일부 당뇨병 치료제가 알츠하이머병 환자의 인지기능을 개선한다는 연구 결과도 있다.

알츠하이머병은 본격적인 증상이 발생하기 최소 30년 전부터 서서히 시작되는 것으로 알려져 있다. 늦더라도 30대부터 인슐린 저항성의 원인이 되는 지방이 많고, 당분이 많고, 동물성 단백질이 많은 식단을 중단하면 충분히 예방할 수 있다. 이미 30대가 지났다고 해도 실망할 필요가 없다. 언제 시작하든 분명 효과가 있기 때문이다. 한편 인슐린 저항성은 뇌혈관의 동맥경화도 초래해 혈관성 치매의 원인이기도 하다. 어떤 이유에서든 식단을 동물성 단백질과 식용유, 설탕을 배제한 자연식물식으로 바꾸면, 알츠하이머병과 혈관성 치매 둘 다를 예방할 수 있다. 치매에 대한 절망적인 전망은 피할 수 없는 운명이 아니다. 지금 당장, 우리의 생활을 바꿔나간다면 얼마든지 희망적으로 바꿀 수 있다.

4부.

기후미식,
모두를 위한
지속가능한
레시피

음식은 우리 사회에서 다양한 의미를 갖는다. 생존과 건강을 위한 필수품으로 생리적 의미뿐만 아니라 심리적, 사회적, 경제적 의미도 지닌다. 누군가는 건강을 최우선으로 음식을 선택하고, 누군가는 자신의 심리적, 탐미(耽味)적 욕구 충족을 위해 음식을 선택하고, 또 다른 누군가는 사람들과의 관계 유지 및 자신의 사회적 지위 확인을 위한 수단으로 음식을 선택한다. 또 누군가에게 음식은 생계유지 및 경제적 이득을 얻기 위한 상품이어서 그 음식이 어떤 이유에서든 최대한 많은 사람에게 소비되는 것이 중요한 경우도 있다. 그렇다 보니 무엇을 먹을 것인가를 둘러싸고 다양한 의견들이 존재하고, 때로는 충돌한다. 특히 경제적 이득이 걸린 경우 그 충돌은 더욱 격렬해지고, 거짓 정보와 온갖 왜곡된 상징들이 서슴없이 동원된다.

하지만, 기후위기가 본격화되면서 음식은 또 다른 의미를 갖게 됐다. 우리의 음식 선택에 의해 기후위기가 악화될 수도, 완화될 수도 있다는 사실로 인해 기후위기 대응 수단으로서의 의미도 갖게 된 것이다. 어쩌면 기후위기 시대엔 이 의미가 다른 모든 의미를 압도하게 될지도 모른다. 바야흐로, '기후미식'의 시대가 도래했다.

이미 일부 국가들은 기후미식적 관점을 국가 식이지침(Dietary Guideline)과 교육과정에 반영하고 있다. 유엔 식량농업기구는 전 세계 국가들의 식이지침이 권장하는 음식들의 환경적 영향을 고려하고 있는지 평가하고 있다. 환경적 영향을 고려한 식이지침은 예외 없이 육류 및 어류 섭취를 제한하고, 식물성 식품을 통해 단백질을 섭취할 것을 권장하고 있다. 기후미식은 기후위기에서 살아가야 하는 사람들의 기본 에티켓이 되어가는 중이다. 과연 우리는 어떻게 기후미식을 준비할 수 있을까?

나와 지구를
살리는 식사

점점 주목받고 있는 기후미식

기후미식의 정의를 다시 한번 살펴보면, 기후미식은 온실가스를 적게 배출하면서 즐길 수 있는 음식을 준비하고 접대하는 행동을 뜻한다. 기후위기 시대에 지구의 모든 생명체, 그리고 저개발 국가 시민들을 포함한 전 세계 모든 인류에 대한 책임감 있는 음식 선택 및 소비를 의미한다. 앞서 우리는 육지와 바다의 다양한 동물들이 우리 식탁에 올라오는 과정에서 거대한 온실가스가 대기 중에 방출된다는 사실을 살펴봤다. 이러한 사실을 알게 되는 것만으로도 합리적인 판단을 하는 사람이라면 식단에서 동물성 식품을 제외하려고 노력할 것이다. 실제로 2019년 역대 최장기 장마를 겪은 이후 기후위기와 비건 식단에 대한 강의 요청이 전국에서 쇄도했다. 친환경 소비자협동조합, 주민운동 단체, 환경운동 단체, 전국 교육청과 교사 단체 등 수많은 곳에서 기후위기 대응을 위해 식단을 순 식물성으로 바꾸는 중요성에 대한 강의를 요청해왔다.

건강을 위해 식단을 순 식물성으로 바꿔야 한다는 주장에 큰 관심을 보이지 않던 단체들도, 기후위기 대응을 위해 식단을 순 식물성으로 바꿔야 한다는 주장에는 큰 관심을 보였다. 여러 단체 중 특히 교육청 및 교사 단체들의 진정성 있는 관심이 반가웠다. 학교에서 기후위기 대응 전략으로 식단의 순 식물성화가 본격적으로 논의되기 시작하면 학생, 학부모, 교사 모두에서 적지 않은 변화가 뒤따를 것이기 때문이다. 이는 보다 거대한 사회적 변화를 위한 훌륭한 밑거름이 될 것이다.

독일의 기후미식 축제

한국에서는 이제 막 '기후미식'에 대한 관심이 커지고 있지만, 독일 프랑크푸르트에서는 이미 2014년부터 '기후미식 주간 (Klimagourmet Woche)'이라는 행사가 매년 개최되고 있다. 그리고 참가 단체가 늘어나면서 2021년부터는 '기후미식 축제'로 명칭이 바뀌었다. 이 기후미식 캠페인은 2030년까지 도시의 이산화탄소 배출을 절반으로 줄이고, 2050년까지 재생가능에너지만 사용한다는 프랑크푸르트시의 목표 달성을 위해 지속가능성 배움 네트워크와 프랑크푸르트시 에너지부의 협업으로 진행되고 있다.

이 캠페인에 참여하는 레스토랑, 카페, 배달 서비스와 직접 판매 생산자 등은 창의적인 채식 주요리가 최소 한 가지 이상 있어야 하고, 그 요리는 순 식물성이나 지역 농산물, 제철 유기농 또는 공정거래 범주에 포함되어야 한다. 이렇게 캠페인에 참여한 곳은 기후미식 웹페이지의 지도 위에 표시된다.[1]

인상적인 것은 기후미식 축제에서는 식단의 탈 동물성화뿐만 아니라, 음식의 지방 함량이 15퍼센트 이하가 되도록 기름진 크림소스나 치즈 사용은 지양한다는 점이다. 또 첨가제나 보존제 사용과 가공을 최소화하고, 에너지와 자원을 절약할 수 있는 조리·가공·냉장 방법을 사용한다. 가방 및 플라스틱 쓰레기, 포장 쓰레기 발생도 최소화할 것을 장려한다. 음식 선택이 환경에 미치는 영향뿐만 아니라 그 음식을 먹는 사람에게 미치는 영향까지 고려하고 있기 때문이다.

건강한 기후미식, 자연식물식

독일 '기후미식 축제' 주최 측이 제시하는 기준에 지방 함량 제한과 가공 최소화, 에너지를 절약하는 조리법과 가공법 등이 포함된 것처럼, 향후 본격화될 기후위기에 대응하기 위해서는 식단을 탈 동물성화하고 순 식물성화 하는 것만으로는 충분하지 않다. 아무리 순 식물성이라도 식용유와 설탕 등이 다량 사용된 고도 가공식품들이 식단에 자주 포함되면 건강이 악화될 수 있기 때문이다. 기후위기나 동물권을 위해 열심히 탈 동물성 식단을 실천했는데도 건강상태가 악화되면, 건강상의 이유로 더 이상 신념을 실천하지 못하는 상황이 발생할 수도 있다. 따라서 지속가능한 기후미식을 실천하려면 반드시 건강도 고려해야 한다.

또한 식물성 기름 소비가 산림훼손의 중요한 원인 중 하나이며, 숲에 살고 있는 오랑우탄을 비롯한 다양한 동식물의 멸종을 촉발하는 원인 중 하나라는 사실도 기억해야 한다. 2부 말미에 있는 '팜유 반대는 친환경적일까?' 내용을 떠올려보면, 건강 측면에서뿐만 아니라 기후위기와 동물권 측면에서도 식물성 기름 섭취를 제한할 필요성은 분명해 보인다.

그런 의미에서 순 식물성이면서 인슐린 저항성 예방 효과 또한 가장 큰 '자연식물식'이야 말로 최고의 기후미식 식단이라고 할 수 있다. 자연식물식은 가공이 덜된, 자연 상태에 가까운 식물성 식품만으로 구성한 식단을 뜻한다. 현대인이 겪고 있는 다양한 만성질환의 원인인 인슐린 저항성을 유발하는 동물성 단백질과 식용유, 설탕을 배제한 식단이다.

비건 식단 vs 자연식물식

식단에서 동물성 식품을 배제한다는 측면에서 자연식물식은 비건 식단(Vegan Diet)과 유사하지만 두 식단은 탄생 배경이 다르다. 비건 식단은 동물에게 해를 입히지 않으려는 삶의 태도이자 가치관인 비건주의(Veganism) 실천의 일부다. 비건주의는 식단뿐만 아니라 의류, 화장품, 위생용품, 관광 등 삶 전반에서 동물에 해를 입히지 않는 것을 최우선으로 하기 때문에, 식단에 있어서 육류, 어패류, 달걀, 우유 및 유제품 등의 동물성 식품을 배제하는 것이 가장 중요하다.

반면 자연식물식은 최고로 건강한 식단을 과학적으로 규명하는 과정에서 다듬어진 식단이다. 따라서 동물성 식품뿐만 아니라 식물성 기름과 설탕 및 정제 당분 또한 최대한 배제한다. 이런 이유로 비건 식단과 자연식물식은 식물성 가공식품에 대한 태도에서 차이가 있다. 비건주의에서 식물성 가공식품은 동물성 식품에 중독된 사람들을 탈 동물성으로 유혹할 매우 유용한 수단이다. 하지만, 자연식물식 관점에서는 식물성 가공식품은 건강을 해칠 수도 있기에 주의해야 할 음식이다.

나는 건강 전문가로서 자연식물식을 권하고, 식물성 가공식품 섭취를 최소화할 것을 제안한다. 하지만 현재 기후위기 상황과 동물들이 처한 상황이 너무나 심각하다 보니 식용유나 설탕이 대량 사용된 식물성 가공식품들을 허용해서라도 더 많은 사람이 탈 동물성 대열에 합류하길 바라는 비건주의 활동가나 환경운동 활동가의 마음 또한 충분히 공감한다. 그래서 나 또한 식물성 가공식품이 건강에 미칠 부정적 영향에 대해 살짝 모른 척하고 싶은 마음이 들기도 한다.

하지만 기후위기 대응이나, 동물들의 고통을 최소화하기 위한 활동은 단기전이 아니라 수십 년간 진행될 장기전이라는 것을 기억해야 한다. 식물성 가공식품을 무기로 단기전을 질주하면 쉽게 지친다. 의미 있는 변화를 보기도 전에 우리 몸이 견디지 못해 전선에서 물러나게 되는 상황을 맞이할 수도 있다. 조금은 긴 안목으로 자연식물식을 기본 식단으로 추구하면서, 전술적으로 식물성 가공식품을 활용하는 것이 현실적이고 바람직한 태도일 것이다.

이제 기후미식이
뉴노멀이다

네덜란드의 기후미식 식이지침

아직 한국은 기후위기를 감안해 무엇을 먹을지 결정하는 것이 낯설지만, 기후위기 및 인류의 지속가능성에 대한 고민을 먼저 시작한 나라들은 본격적으로 음식이 기후위기와 환경에 미치는 영향까지 고려해 식이지침을 발표하고 있다. 즉 기후미식 식이지침이 국가 차원에서 권고되고 있는 것이다.

2016년 네덜란드 영양센터(Netherlands Nutrition Centre)는 네덜란드에 거주하는 사람들에게 육류 섭취를 일주일에 최대 2회

500그램 미만으로 제한하는 식이지침을 발표했다. 육류에는 닭고기와 돼지고기, 소고기, 양고기 등이 포함되는데, 이 중 붉은 육류는 일주일에 최대 300그램으로 보다 엄격하게 섭취를 제한했다. 육류뿐만 아니라 어류, 달걀, 유제품 등 모든 동물성 식품의 섭취도 제한했다. 달걀은 일주일에 최대 3개 150그램, 어류는 일주일에 1회 125그램, 유제품은 하루에 2~3회로 제한했다. 대신 견과류, 콩류 등 식물성 식품 위주로 단백질을 섭취할 것을 권했다.[2] 이렇게 육류를 포함한 모든 동물성 식품의 섭취를 제한하는 식이지침이 네덜란드 역사상 최초로 발표될 수 있었던 이유는, 무엇을 먹을 것인가의 판단 기준에 인간의 건강뿐만 아니라 온실가스 배출, 지속가능성, 동물복지, 공정거래 등의 요소들도 추가로 고려되었기 때문이다. 네덜란드 영양센터의 새로운 식이지침은 식품 생산과 소비의 전 과정에서 소비자들이 자신의 역할을 인식하고, 더 현명하고, 더 의식적인 선택을 하는 데 기여할 것으로 예상된다. 2016년 네덜란드 식이지침 이전에도 일부 국가에서 온실가스를 고려한 육류 섭취를 제한해야 한다는 내용의 식이지침을 발표하기도 했다. 하지만, 네덜란드처럼 모든 동물성 식품에 대한 상한선을 제시한 가이드는 없었다.

뉴노멀을 위한 거대한 움직임

네덜란드는 2016년 식이지침 발표 이후로 기후미식을 '새로운 정상', 뉴노멀(New Normal)로 만들기 위한 정책들을 추가로 발표했다. 2018년 네덜란드 교육부는 향후 교육부에서 주관하는 모든 행사의 만찬은 기본적으로 채식으로 준비하고, 고기나 해산물을 요청하는 사람들에게만 고기, 해산물 요리를 제공한다는 발표를 했다. 2019년에는 네덜란드의 수도인 암스테르담 정부도 교육부와 동일한 선언을 했다. 현재 네덜란드에서 정규교육을 받는 학생들은 학교에서 기본적으로 기후미식 교육을 받고 있고, 암스테르담 시민들도 기후미식이 '뉴노멀'인 분위기에서 생활하고 있다.

아울러 네덜란드 의료계에서는 네덜란드를 대표하는 로테르담 연구를 통해 동물성 단백질을 많이 섭취하면 당뇨병 발생 위험이 증가하고, 전체 사망률과 심혈관질환 사망률이 증가하지만, 식물성 단백질은 이런 위험들과 관련이 없다는 연구 결과들을 연이어서 발표하고 있다. 이렇게 네덜란드 사회 전체가 합심해 기후미식을 '뉴노멀', 즉 시민들의 기본 에티켓으로 정착시키려는 노력은 국토의 60퍼센트가 해수면보다 낮은 상황과 밀접한 관련이 있지 않을까 생각한다. 기후위기로 해수면이 상승하면 그로 인한 피해가 어느 지역보다 막대하니 그만큼 열심히 기후위기 대응을 할 수밖에 없는 것이다. 이런 노력 덕분인지 1부에서 살펴보았듯이 2021년 유럽 대홍수 시기에 네덜란드만 유일하게 사망자가 발생하지 않았다. 기후위기로 인한 피해도 그 사회가 얼마나 철저히 대비하느냐에 따라 충분히 달라질 수 있다는 걸 네덜란드의 사례를 통해 알 수 있다.

세계 각국의 기후미식 대응

캐나다의 경우 2019년 새로운 식이지침을 발표했는데, 네덜란드와 마찬가지로 인간의 식품 선택이 환경에 미치는 영향을 고려했다. 그 결과 단백질을 섭취할 때 식물성 식품을 더 자주 먹을 것을 권한다. 단백질 식품의 예로 첫째 줄에 콩류, 견과류, 씨앗류, 두부, 영양소 강화 콩 음료 등 식물성 식품을 제시하고, 둘째 줄에 어류, 조개, 달걀, 가금류, 지방이 적은 붉은 육류를 소개하고, 가장 마지막 줄에 저지방 우유 및 저지방 유제품을 제시한다. 우선순위가 분명하다. 또 하나 특이한 점은 유제품을 별도의 식품군으로 취급하지 않고, 다양한 음료 중 하나로 취급한다는 것이다. 별도의 식품군으로 유제품이 분류되어 있으면 매일 일정량 섭취해야 하지만, 별도의 식품군으로 구분하지 않았기에 전혀 먹지 않아도 문제가 되지 않는다는 메시지를 전달하고 있는 것이다.

네덜란드와 캐나다 외에도 스웨덴, 영국, 이탈리아, 폴란드, 덴마크, 프랑스 등의 식이지침도 지속가능성을 고려해 무엇을 먹어야 하는지를 권고하고 있지만, 주로 육류를 일주일에 500그램 넘지 않게 섭취하라는 내용에 국한되어 있다. 이 중 영국은 좀더 적극적인데, 단백질 식품 예시에 캐나다와 마찬가지로 콩이나 견과류 등 식물성 식품을 눈에 띄게 배치하고, 유제품과 함께 식물성 우유로 대체 음료를 제시하는 등 온실가스를 적게 배출하는 식단을 국민에게 알리기 위해 노력하고 있다.

반면 미국과 독일, 일본의 식이지침에는 지속가능성 및 온실가스 배출을 줄이기 위해 육류 섭취를 제한하라는 권고도 없다. 독일의 경우 지속가능성에 대한 애매한 언급만 있을 뿐, 실질적인 내용이 없고, 미국의 경우 2015년에 최초로 지속가능성을 고려한 식이 가이드 초안이 제출됐으나 축산업계의 반발로 삭제됐고, 2020년에 발표한 식이지침에도 여전히 지속가능성이 반영되지 않고 있다. 전 세계 각국의 식이지침 내용과 식이지침에서 지속가능성을 고려했는지 여부에 대한 정보는 유엔 식량농업기구 웹페이지에서 확인할 수 있다.[3]

반면 실망스런 한국의 식이지침

그렇다면 한국은 어떨까? 2020년 12월 새로운 식이지침, 〈2020 한국인 영양소 섭취기준〉이 발표됐지만, 어디에도 지속 가능성, 온실가스 등에 대한 언급을 찾을 수 없다. 여전히 단백질을 먹으려면 동물성 단백질을 우선으로 먹고, 우유나 유제품도 매일 챙겨 먹을 것을 권하고 있다. 단백질 관련해서 "가장 높은 동물성 단백질 섭취 그룹이 가장 낮은 섭취 그룹보다 당뇨병의 위험이 13퍼센트 높았고, 식물성 단백질 섭취 그룹은 당뇨병의 위험이 9퍼센트 낮은 것으로 나타났다"라는 연구 결과를 인용하면서도 동물성 단백질 섭취의 위험성에 대해서는 결론을 내릴 수 없다는 입장을 유지하고 있다.[4]

주요 국가들 중 가장 최근에 발표된 식이지침이지만, 음식 선택이 인간의 건강과 기후에 미치는 영향 등에 대한 최신 연구 결과들을 적극적으로 수용하기보다는 애써 부정하는 태도를 보이고 있는 것이다. 5년 후에는 동물성 단백질이 건강과 환경에 끼치는 막대한 부작용에 대한 지금까지 수없이 발표된 다양한 연구 결과들을 적극적으로 수용한 새로운 식이지침이 발표되길 기대해본다.

채식 선택권을 법으로 보장한다

식이지침보다 한발 더 나아가 식물성 식품 위주의 식단을 장려하는 나라도 있다. 바로 포르투갈이다. 포르투갈 의회는 2017년 3월 「공용매점 및 식당의 채식 메뉴 선택사항 구비 의무에 관한 법률」을 제정했다. 이 법에 의하면 국가의료기관, 장기요양시설, 초중등 교육기관, 대학교, 사회복지시설, 심지어 교도소까지 채식을 실천하는 사람이 있다면, 자연식물식 식단까지는 아니더라도, 반드시 영양학적으로 잘 갖춰진 순 식물성 식단 메뉴를 제공해야 한다. 만약 인원이 너무 적어 별도로 순 식물성 메뉴를 제공하기 어려운 상황이면, 매점에 순 식물성 가공식품을 구비해 채식을 실천하려는 사람이 자신의 신념을 실천할 수 있도록 해야 한다. 이 법은 6개월의 준비기간을 거쳐 2017년 9월부터 본격적으로 발효됐다. 준비기간 동안 해당 기관의 영양사들은 영양학적으로 잘 갖춰진 순 식물성 식단을 제공하기 위한 교육을 받고, 급식업체와 새로 계약할 때 순 식물성 메뉴를 제공한다는 내용을 포함하도록 했다.

이렇게 법률로 구내식당과 매점에 채식 메뉴 구비 의무를 부과한 이유는, 비건 혹은 순 식물성 메뉴를 제공하는 식당을 찾아가 식사를 하면 되는 일반인과 달리, 학교나 의료기관, 사회복지시설, 교도소 구성원들은 구내식당 이외에 다른 선택지가 없기 때문이다. 이 법안은 좌파연합(Left Bloc), 녹색생태당(Green Ecologist Party), 인간-동물-자연(People-Animal-Nature, PAN) 등의 소수정당에 의해 발의되었지만, 의회 과반수 찬성으로 통과됐다. 포르투갈에서 채식을 실천하는 사람은 전체 인구의 1~2퍼센트 수준이지만, 향후 급격히 증가할 것으로 예상되기 때문이다. 그뿐만 아니라, 이들이 채식을 실천하는 이유가 미래에 모든 공동체 구성원이 추구할 만하다고 의회에서 판단한 것이다.

소수이지만 환경과 탈인간중심주의, 탈이윤지상주의 가치를 추구하는 정당이 의회에 진출하면서 매우 진취적인 변화를 끌어냈다. 퇴행적인 보수 양당이 의회를 장악하고 있는 한국 상황에서는 꿈같은 일이 아닐 수 없다. 기후위기 대응과 미래 세대의 지속가능한 번영을 위해서는 다양한 가치를 추구하는 소수정당들이 의회에 진출할 수 있도록 정치제도를 바꾸는 것 또한 필수적이라는 사실을 포르투갈 사례에서 배울 수 있다.

더 나은 세상을 향한 기후미식 시도

포르투갈뿐만 아니라 다양한 나라에서도 채식선택권을 보

장하는 입법 시도가 있었다. 영국, 아일랜드 등에서는 국민청원운동이 있었지만, 충분한 청원자를 확보하지 못해 실패했다. 현재 법률을 통한 채식 선택권 보장, 순 식물성 식단 장려 시도는 미국에서 활발히 벌어지고 있다. 포르투갈의 채식 선택권 보장 법안 통과 1년 후인 2018년 9월엔 미국 캘리포니아에서도 유사한 법률이 통과됐다.

법안을 발의한 낸시 브라운(Nancy Brown) 상원의원은 채식 선택권 보장 법안이 교도소, 병원, 장기요양시설 구성원들에게 순 식물성 식단을 제공함으로써 순 식물성 식단을 실천하려는 사람들의 요구를 충족시킬 수 있을 뿐만 아니라, 기후위기 대응과 수자원 절약이라는 사회적 목표 달성에도 기여할 것으로 전망했다. 캘리포니아는 대표적인 물 부족, 가뭄 지역이기도 하다.

2019년 5월 로스앤젤레스 시의회에서는 시에서 운영하는 모든 시설과 동물원, 영화관, 야구장과 축구 경기장, 공항 등을 포함한 대규모 시설의 모든 매점 메뉴에 최소 한 가지 이상의 순 식물성 단백질 음식 선택사항을 포함하도록 하는 법안이 상정됐다. 그리고 2022년 1월에는 캘리포니아 전 지역의 학교 급식에 순 식물성 식단과 음료 제공을 장려하는 「2022 아동 영양법(The Child Nutrition Act of 2022)」이 주 의회를 통과했다. 코로나

19와 같은 신종전염병에 보다 안전하게 맞서 싸우기 위해서는, 건강과 면역력을 증진하는 순 식물성 식단에 학생들이 더욱 쉽게 접근할 수 있어야 한다는 공감대가 형성된 덕분이다. 캘리포니아의 「2022 아동 영양법」은 아이들이 살아갈 지구를 건강하게 만드는 데 기여함으로써 미래 세대의 건강과 지속가능한 번영에 총체적으로 중요한 역할을 하게 될 것이다.

캘리포니아가 미국의 서쪽에서 새로운 흐름을 주도하고 있다면, 미국의 동쪽에서는 뉴욕주와 뉴욕시가 새로운 흐름을 주도하고 있다. 뉴욕주에서는 2020년 12월 병원에서 건강한 순 식물성 식단 선택사항을 의무적으로 제공하는 법이 통과됐다. 그리고 캘리포니아와 마찬가지로 뉴욕주에서도 모든 공립학교의 급식에 순 식물성 식단 선택사항을 제공하는 법률을 제정하기 위한 운동이 활발히 진행되고 있다. 또한 뉴욕시는 2019년 9월 학교급식에 발암물질인 가공육류를 사용하지 못하도록 하는 조례를 통과했다. 2015년 세계보건기구 국제암연구소(WHO IARC)가 가공육류를 1급 발암물질(Group 1), 붉은 육류를 2급 발암물질(Group 2A)로 규정한 것에 대한 후속 조치 격이다. 학교에 발암물질을 퇴출하는 차원에서 가공육류를 학교급식에서 없앤 조치는 2018년 캘리포니아 산타바바라 통합 교육구(Santa Barbara Unified School District)에서 먼저 시행한 조치이기도 하다.

기후위기와 신종전염병 위기 속에서 청소년들의 건강상태가 하루가 다르게 악화되고 있다. 하지만 한국의 영양학계와 교육계가 여전히 동물성 단백질과 빠른 키 성장에 대한 집착을 내려놓지 못하고 있는 모습을 보면, 한숨이 절로 나온다. 과연 한국의 영양학계와 교육계는 언제쯤 이렇게 미래지향적이고, 합리적인 결정을 할 수 있을까?

발암물질 조리 흄

2021년 3월 학교 급식실에서 15년간 일한 여성 조리 종사자가 폐암에 걸려 산업재해로 인정받았다. 이후 현재까지 31명의 학교 급식 종사자들이 폐암으로 산업재해 신청을 했고, 그중 13명이 승인을 받았다. 학교 급식실에서 일하면, 왜 폐암에 걸리게 될까? 가장 큰 원인은 튀긴 음식 때문이다.

급식 종사자들은 음식을 제공하기 위해 재료 손질부터 조리, 설거지, 청소 등을 하며 몇 시간씩 조리실에서 작업을 한다. 그런데 음식을 튀기거나, 볶거나, 구울 때 조리 흄(Cooking Fumes: 조리초미세먼지)이라는 발암물질이 발생한다. 특히 튀긴 음식을 할 때는 앞이 보이지 않을 정도로 조리 흄이 많이 발생한다. 학생들이 돈가스나 오징어튀김 등 각종 튀긴 음식을 좋아하다 보니 급식 종사자들은 매일 하루에 1~2시간씩 발암물질인 조리 흄에 고농도로 노출돼왔던 것이다. 국제암연구소에서는 조리 흄을 담배연기와 마찬가지인 발암물질로 규정하고 있다. 10년 이상 매일 1~2시간씩 앞이 보이지 않을 정도로 뿌연 담배연기를 들이마신 것과 비슷한 상황이 학교 급식실에서 벌어져온 것이다.

조리 흄은 식용유를 이용해 튀길 때뿐만 아니라, 제육볶음, 생선구이 등 지방이 많은 동물성 식품을 굽거나 볶을 때도 많이 발생한다. 만약 학생들과 학부모들이 지금처럼 계속 튀긴 음식과 고기나 생선 반찬을 요구한다면, 급식 종사자들의 폐암은 계속 발생할 수밖에 없다. 하지만, 기름기가 많은 동물성 식품 반찬을 줄이고, 식용유로 튀기거나 볶은 음식 반찬을 줄여나간다면 급식 종사자들의 폐암도 줄일 수 있다. 우리가 먹는 돈가스가 만드는 이에게 폐암 발생 위험을 증가시킬 수 있다는 사실을 기억해야 한다.

탄소배출 제로를 향한
국제 연대

음식과 온실가스에 관한 연결된 관점

기후위기 시대에 무엇을 먹을 것인가에 대한 고민은 국가적 사고의 범위를 넘어서야 한다. 이미 인류의 먹거리 생산은 국가적 차원을 넘어서 이뤄지고 있기 때문이다. 가령 남미의 대두 농사에 문제가 생기면 우리나라의 치킨 가격이 올라간다. 닭을 튀길 식용유 가격이 상승하기 때문이다. 한국은 쌀을 제외한 대부분의 식량과 가축 사료를 거의 전적으로 수입에 의존하고 있기 때문에, 한국인의 음식 선택은 한국에만 영향을 미치는 것이 아니라 전 세계 다양한 국가에도 영향을 끼친다. 그럼에도 축산업 자들과 일부 기후위기 활동가들은 음식이 기후에 미치는 영향을 국가적 차원으로만 인식하는 태도를 취하고 있다.

정부에서 발표한 국가 온실가스 인벤토리(각 배출원에 따른 온실가스 배출량을 계산할 수 있도록 하는 통계시스템)를 보면, 2019년 한국의 농업 관련 온실가스 배출은 전체 배출량의 3.0퍼센트, 축산 관련 온실가스 배출은 전체 배출량의 2.1퍼센트 수준에 불과하다. 전체 배출량의 86.6퍼센트가 에너지 생산 및 운송, 철강 산업 등에서 사용하는 화석연료 사용에서 발생한다.

이 때문에 그간 한국의 기후위기 활동가들은 주로 화석연료 사용을 줄이는 데 초점을 맞춰왔다. 전체 배출량의 2.1퍼센트밖에 차지하지 않는 축산 관련 온실가스를 줄이기 위해 애써 식단을 식물성으로 바꿀 필요가 있겠냐는 것이다. 오히려 화석연료라는 거대한 표적을 향한 초점이 분산될 수 있다고 경계하는 분위기도 느껴진다. 축산업자들 또한 축산이 온실가스 배출에 기여하는 정도가 미미한 수준이기 때문에 기후위기 대응을 위해 채식을 장려하는 것은 말도 안 되는 일이라는 입장을 취하고 있다. 하지만, 이 두 입장 모두 한국의 축산업에서 수입하는 사료를 재배하기 위해 남미에서 아마존 밀림이 파괴되고, 유전자 조작 콩과 옥수수 재배 면적이 늘어나고, 농약과 제초

제, 화학비료, 축분비료가 과도하게 사용되는 문제를 간과하고
있다.

전 지구적 연대가 필요한 이유

2020년 국제노동기구(ILO)와 미주개발은행(IDB)이 공동으로 작성한 〈중남미 지역의 탄소배출 제로 미래의 일자리〉라는 보고서가 발표됐다.[5] 이 보고서는 중남미 지역이 2050년까지 탄소배출 제로에 도달하기 위해서는 특히 삼림파괴 중단 및 나무 심기가 필요한데, 이를 위해서는 동물성 식품에서 식물성 식품으로의 전환이 필수적이라고 지적하고 있다. 다른 지역과 마찬가지로 중남미 지역에서도 풍력 및 태양광 발전 확대, 운송·요리·난방에 전기 사용 확대, 대중교통 및 무동력 교통 확대, 폐기물 감소 및 재활용 확대 등의 변화가 필요하다. 하지만, 이 지역에서 특히 삼림파괴 중단과 나무 심기, 동물성 식품을 식물성 식품으로 전환을 강조하는 데는 그럴 만한 이유가 있다. 식물성 식품으로의 전환 과정에서 1,470만 개의 일자리가 새롭게 창출될 것으로 예상되기 때문이다.

전 세계 어디에서나 탈탄소 과정은 산업구조와 고용인구의

대격변을 동반한다. 그 과정에서 수많은 일자리가 사라지고, 새로 창출되는 등 큰 사회적 혼란이 발생할 수밖에 없다. 따라서 탄소배출 제로 달성 여부는 이 격변의 충격을 그 사회가 얼마나 슬기롭게 극복해나갈 수 있느냐에 의해 결정된다고 해도 과언이 아니다. 중남미 지역에서는 탄소배출 제로에 도달하는 과정에서 750만 개의 일자리가 사라지고, 2,250만 개의 일자리가 증가해 최종적으로 1,500만 개의 일자리가 창출될 것으로 예상된다. 동물성 식품에서 식물성 식품으로의 전환 과정에서 창출되는 일자리 1,470만 개가 탈탄소 과정에서 창출되는 일자리의 대부분을 차지한다. 게다가 식물성 식품으로의 전환 과정에서 창출되는 일자리는 고도의 기술을 요구하지 않는 정규 상용직 일자리라서 이 지역 사람들에게는 더더욱 적합한 일자리다.

하지만 보고서의 탈탄소 계획은 중남미 지역의 식물성 식품으로의 전환뿐만 아니라, 전 세계가 식물성 식품으로 전환해야 한다는 걸 전제로 한다. 이 지역에서 생산되는 사료나 육류의 상당 비율이 수출되고 있기 때문이다. 중남미 지역에서 삼림파괴 중단부터 나무 심기, 식물성 식품으로의 전환, 새로운 일자리 창출까지 일련의 과정이 성공하기 위해서는, 주요 선도 국가들이 동물성 식품에 지출하는 비용의 3분의 2정도가 식물성 식품에 관한 지출로 전환되어야 한다.

한국은 가축 사료의 주원료인 대두박과 옥수수의 대부분을 남미에서 수입하고 있다. 대두박의 87.5퍼센트를 브라질에서, 옥수수의 36.3퍼센트와 32.9퍼센트를 각각 브라질과 아르헨티나에서 수입하고 있다. 참고로 밀의 50.6퍼센트는 우크라이나에서 수입한다(2015년 기준). 만약 한국이 지금과 같은 수준으로 동물성 식품을 소비한다면 중남미 지역의 탈탄소 및 일자리 창출 정책은 성공하기 어려워질 수밖에 없다.

한국의 농업 및 축산에 의한 온실가스 배출 비율이 적은 이유는 이렇게 사료 생산을 위해 발생하는 온실가스를 남미 지역에 외주를 준 덕분이다. 우리가 고기나 해산물을 먹는다면 당장 우리 국경 내에서 그 피해가 크지 않더라도, 지구 어딘가에선 그 대가를 지불할 수밖에 없다. 중남미 지역 사람들의 탈탄소 정책, 일자리 창출 정책에 연대하는 의미에서 한국에서도 동물성 식품에 관한 지출의 최소 3분의 2를 과감하게 식물성 식품에 관한 지출로 전환하는 캠페인이 필요하다. 아울러 전 지구적인 축산업 축소 압력에 떠밀려 허겁지겁 대응하기보다는 축산업 종사자들이 충격을 덜 받으면서 일자리를 바꾸게 하는 방안도 미리 마련할 필요가 있다. 탈 동물성과 관련된 이 모든 과정은 재생에너지, 전기차, 수소경제와 더불어 정부의 탈탄소 정책, 그린뉴딜 정책의 중요한 영역으로 포함되어야만 한다.

식단의 생태발자국

2020년 노르웨이의 비영리단체 EAT와 영국의 의학저널 《란셋(Lancet)》은 주요 20개국, G20 국가들의 음식 소비에 따른 생태발자국을 정리한 보고서를 발표했다.[6] 이 20개 국가들은 세계 총생산의 90퍼센트를 차지하고, 세계 토지 면적의 50퍼센트가량을 차지한다. 보고서에 의하면, 전 세계 사람들이 G20국가 사람들이 먹는 방식대로 식단을 바꾸면, 지구가 감당할 수 있는 음식 관련 온실가스 배출 한계를 263퍼센트 초과하게 된다. 주된 이유는 동물성 식품의 과도한 섭취다. 20개 국가 중 인도와 인도네시아만 지구가 감당할 수 있는 식단을 유지하고 있고, 나머지 국가들은 모두 지구가 감당할 수 없는 식단을 유지하고 있다. 가장 많은 생태발자국을 남기고 있는 나라는 아르헨티나다. 전 세계 사람들이 현재 아르헨티나 사람들이 먹는 대로 식사를 하려면 지구가 7.42개 필요하다. 그 뒤를 호주와 미국이 따르고 있는데, 각각 지구가 6.83개, 5.55개 필요한 식단을 유지하고 있다. 반면 인도와 인도네시아는 각각 지구가 0.84개, 0.9개 필요한 식단을 유지하고 있다.

한국의 경우 지구가 2.3개 필요한 정도의 식단을 유지하고 있다. 아르헨티나, 호주, 미국과 비교하면 30~40퍼센트 수준이지만, 지속가능하지 않은 음식 소비를 하고 있다는 점에서는 차이가 없다. 우리가 식단과 관련하여 지속가능한 생존을 하기 위해서는 두 가지 선택을 할 수 있다. 지구가 1개 미만 필요한 수준으로 식물성 식품 중심의 식단으로 전환하거나, 지금과 같은 특권적인 식단을 계속 유지하면서 저개발 국가 사람들의 식단이 극도로 빈약하게 유지되도록 강요하는 것이다. 지구의 모든 인류와 함께 동등한 번영을 추구할 것이냐, 불평등을 공고화하는 특권을 추구할 것이냐. 둘 중 하나의 선택을 해야만 하는 상황이다.

우리가 지금 당장 식단을 식물성 식품 중심으로 바꾸기 위한 행동에 나서지 않는다면, 그것은 결국 특권을 추구하는 선택을 하는 것이나 다름없다. 하지만 불평등의 공고화는 일시적인 효과만 있을 뿐이다. 불평등은 거대한 사회적 갈등을 촉발하고, 이 사회적 불안정은 소수의 특권도 언제든 무너뜨릴 수 있다. 이는 곧 공멸을 뜻한다. 대부분의 삶을 기후위기 시대에 살아가야 할 다음 세대에게, 과연 우리는 어떤 가치를 추구해야 한다고 말할 수 있을까? 그 가치가 위선이 되지 않으려면 지금 우리는 무엇을 해야 하는지 진지한 고민이 필요하다.

K-자연식물식을 위한
상상력

K-푸드의 위상을 지켜내려면

전 세계적으로 한류 열풍이 뜨겁다. K-POP, K-드라마, K-영화, K-문학 그리고 최근엔 한국 음식인 K-푸드에 대한 관심도 매우 뜨겁다. 하지만, 안타깝게도 최근 전 세계에 'K-푸드'로 인기를 끌고 있는 음식들은 대부분 기후미식과 관련 없는 음식들이다. 삼겹살 구이, 불고기, 소시지에 밀가루 반죽을 입혀 튀긴 후 설탕을 뿌린 한국식 핫도그, 다양한 종류의 치킨, 달걀과 햄이 들어간 한국식 토스트 등이다. 물론 비빔밥처럼 달걀이나

고기 고명을 빼면 순 식물성에 가까운 음식들도 있지만, 시간이 갈수록 점점 더 동물성 식품 중심의 한국 음식들이 해외에서 'K-푸드'로 인기를 끌고 있다. 이런 흐름은 한국 식품업체들의 동물성 식품 위주의 다양한 가공식품 수출로 더욱 강화되고 있다.

하지만 한식을 진정으로 한식답게 만드는 요소는 동물성 식품이 아니다. 한국의 동물성 식품 섭취는 최근 30~40년 사이 급격히 증가했을 뿐이다. 전통과는 거리가 멀다. 그 이전엔 주로 다양한 곡식과 녹말 음식, 여러 종류의 채소와 해조류 등의 식물성 식품으로 식단이 꾸려졌다. 게다가 동물성 식품 섭취가 증가한 최근 30~40년 사이 한국인의 비만과 고혈압, 고지혈증, 당뇨병, 뇌심혈관질환 등 비만 관련 질환들이 극적으로 증가한 사실까지 감안하면, 현재의 동물성 식품 중심의 'K-푸드' 열풍은 반가우면서도 동시에 우려를 자아낸다. 기후위기 시대에 새로운 음식 장르로 자리 잡고 있는 한식, 'K-푸드'가 기후미식적이지도 않을 뿐만 아니라, 건강에도 해로운 음식이라는 불명예를 얻게 될 수 있기 때문이다. 전 세계가 한국의 다양한 문화와 역사에 주목하고 있다. 한국 문화가 기후위기 시대에 진정으로 선한 영향력을 미치려면, 기후미식적일 뿐만 아니라 건강하기까지 한 진정한 한국의 전통 음식을 한식, 'K-푸드'로 소개하는 것이 필요하다. 이를 위해서 우리 자신의 식단도 기후미식의 관점에서 재정비할 필요가 있다.

전통 한식에서 답을 찾다

전통 한식은 여러모로 특별하다. 여러 나라를 둘러보고 식문화를 경험해봤지만, 한국처럼 밥과 반찬으로 구성된 음식 문화는 없다. 대부분의 나라에서 음식은 한 그릇에 담겨서 나오고 별다른 반찬이 없지만, 한국에서는 밥과 함께 다양한 반찬이 곁들여서 나온다. 그리고 반찬은 김치와 나물, 국이나 찌개 등으로 구성된다. 물론 최근엔 다양한 고기와 어류, 달걀, 유제품 등이 반찬에 많이 사용되고 있지만, 여전히 반찬의 상당 부분은 식물성 식품이고, 과거엔 대부분이 식물성이었다.

한국의 생태발자국이 1978년에 지구가 1개 필요한 정도였다는 사실을 감안하면, 1970년 한국인의 식단은 전 세계 모든 사람이 따라 하더라도 지구에 부담을 주지 않는 식단이었다는 것을 알 수 있다. 1970년대 생태발자국이 현재의 3~4분의 1 수준이었다고 해서 당시 한국인이 굶주렸던 것은 아니다. 1970년대 한국인이 하루에 섭취했던 칼로리는 3,000칼로리로 2000년대 초반과 비슷한 수준이었다. 칼로리만 놓고 보면 이미 2000년대 수준만큼 충분한 칼로리를 섭취하고 있었다. 그럼에도 당시에 생태발자국이 적었던 이유는 칼로리의 70~80퍼센트를 곡식과 녹말 음식으로 섭취하고, 동물성 식품을 통해 섭취하던 칼로리는 고작 5~6퍼센트 수준일 정도로 칼로리의 대부분을 식물성 식품으로 섭취했기 때문이다. 현재 한국인이 동물성 식품을 통해 섭취하는 칼로리는 19퍼센트로 이전보다 4배 가까이 증가했다. 생태발자국 증가폭과도 매우 유사하다. 1970년대 한국인의 식단을 한마디로 표현하자면 '고봉밥에 채소 반찬'이다. 기후위기 시대에 우리가 전 세계에 한식, 'K-푸드'로 소개할 식단의 기본 특징은 '충분한 양의 밥' 혹은 '녹말 음식과 채소 반찬'이어야 한다. 이제 어떤 밥을 충분히 먹어야 하며, 어떻게 채소 반찬을 다양하고 즐겁게 먹을 수 있는지 살펴보자.

다양한 밥

한국은 곡식과 녹말 음식을 먹는 방식도 매우 독보적이다. 곡식을 가루내지 않고 알곡째 삶아 먹는 것이 일반적이다. 볶음밥과 같이 추가적인 조리를 하지 않는 경우엔 일반적으로 기름도 쓰지 않는다. 반면 밀이나 옥수수를 주식으로 하는 다른 나라에서는 곡식을 가루 내 다양한 형태의 빵을 만들어 먹고, 쌀을 주식으로 먹는 지역에서도 기름을 기본적으로 사용하는 경우가 많다. 이런 특징은 고구마, 감자, 옥수수 등 녹말 음식을 먹는 방식에서도 확인된다. 반면, 한국에서는 이런 녹말 음식을 그냥 삶거나 찌거나 구워 먹는 방식이 일반적이다. 튀기거나 볶아서 먹는 것은 최근의 먹는 방법이다. 즉 한국은 전통적으로 곡식과 녹말 음식을 자연 상태에 가까운 방식으로 먹어왔다.

또한 한국인은 다양한 방식으로 곡식을 조리해 먹어왔다. 쌀에 보리, 귀리, 수수, 조, 기장, 율무 등 다양한 곡식을 섞어서 지은 밥이나, 검은콩, 강낭콩, 완두콩, 팥 등 다양한 콩류를 섞어서 지은 밥을 먹기도 했다. 심지어 곤드레, 시래기, 취나물, 참나물, 콩나물, 부지깽이, 두릅, 무 등 다양한 채소를 넣거나, 감자, 고구마, 옥수수, 은행, 밤, 대추 등을 넣어서 지은 밥을 먹기도 했다. 섞는 재료에 따라 밥의 종류는 무궁무진해진다. 이런 다양한 밥에 간장이나 된장, 고추장 등 적당량의 소스를 넣어 비벼 먹기만 해도 훌륭한 한 끼 식사가 된다. 가루 내어 빵을 만들거나, 튀기거나 볶지 않더라도 매우 다양한 방식으로 자연 상태의 곡식과 녹말 음식을 먹어온 전통이야말로 전 세계의 지속가능한 먹거리 전환에 많은 영감을 줄 수 있는 한식의 특장점이다.

김치

한식 하면 절대 빼놓을 수 없는 음식이 김치다. 대표적인 김치는 배추김치, 깍두기, 총각김치, 열무김치, 동치미 등이지만, 한국의 김치는 재료와 만드는 방법에 따라 매우 다양하다. 오이소박이, 나박김치, 갓김치, 파김치, 부추김치, 고들빼기김치, 순무김치, 깻잎김치, 호박김치, 가지김치 외에도 계절과 지역별로 다양한 김치들이 있다. 해외에서는 현지 재료를 이용한 다양한 김치가 소개되고 있다. 양배추김치, 비트김치 등도 있고, 젓갈을 뺀 비건김치, 고춧가루 대신 레몬이나 강황을 넣은 김치 등이 현지의 재료와 입맛에 맞게 소개되고 있다.

물론 한국의 전통 김치는 다양한 수생동물들을 이용한 젓갈이 사용되고 있다. 하지만 우리가 수생동물을 음식으로 사용하면 수생동물에 저장된 해양 블루카본이 결국 대기로 방출된다. 이를 감안하면 기후위기 시대의 김치는 순 식물 김치로 새롭게 재정의될 필요가 있다. 이미 해외에서 젓갈 없이도 얼마든지 식욕을 돋우는 김치를 만들 수 있다는 것이 확인되었고, 국내에서도 다양한 순 식물성 전통 김치들이 소개되고 있다. 기후위기 시대에 걸맞는 상상력을 한국의 김치 전통에 발휘한다면 정말 다양하고 기발한 김치들을 소개할 수 있을 것이다. 이

177

렇게 개발된 순 식물성 김치들은 한국은 물론 전 세계 사람들의 기후미식 실천에 큰 도움이 될 것이다.

나물

　나물 또한 한식의 중요한 특징이다. 한국인은 정말 다양한 종류의 나물을 먹는다. 생으로 먹는 생채, 익혀서 먹는 숙채, 신선한 채소를 먹을 수 없을 때 먹기 위해 말려서 보관하다 다시 불려서 먹는 묵나물 등 먹는 방식이 다양하다. 특히 계절에 따라서도 정말 다양하다. 봄에 먹는 나물로만 해도 생으로 먹는 달래, 씀바귀, 돌나물, 취나물, 더덕 등이 있고, 익혀서 먹는 냉이, 고사리, 두릅, 달래순, 원추리 등이 있고, 데친 후 건조해두는 참나물, 고사리, 취나물, 두릅, 쑥, 고비 등 다양하다. 여기에 적당량의 간장이나 된장, 고춧가루, 다진 마늘, 참깨 혹은 들깨 등의 양념을 추가해서 버무리거나 무치면 맛있는 제철 나물이 된다. 향을 돋우기 위해 소량의 참기름이나 들기름을 추가할 수도 있다. 한국인은 나물 덕분에 매우 다양한 채소를 계절에 따라 여러 방식으로 먹을 수 있다. 비슷한 방식으로 해외에서도 다양한 제철 채소들을 얼마든지 조리해 먹을 수 있다. 부록에 수록된 제철 채소 정보를 참고하면 계절의 흐름에 따라 다양한 음식의 맛을 느낄 수 있을 것이다.

쌈

한국의 쌈도 세계 어느 나라에서 찾아볼 수 없는 매우 독특한 식문화다. 현재는 주로 고기를 먹을 때 쌈을 싸서 먹는다는 인식이 강하지만, 1980~90년대까지만 하더라도 상추쌈에 밥을 얹고 쌈장을 곁들여 먹는 것이 일반적이었다. 쌈에 고기를 곁들여 먹을 때도, 쌈에 고기만 싸서 먹기보다는 쌈에 밥을 얹은 후 반찬으로 고기 한 점과 쌈장을 곁들여 먹는 수준이었다. 집에서 보통 이렇게 쌈을 먹다가 1990년대 중반 대학교에 입학한 뒤 선배들과의 술자리에서 오로지 쌈에 고기만 싸서 먹는 모습을 보고 큰 충격을 받았던 기억이 아직도 생생하다.

서구 문화권에서는 신선한 생채소를 주로 샐러드 형태로 먹는다면, 한국에서는 다양한 잎채소를 씻기만 한 후 밥이나 여러 음식을 넣어서 쌈 형태로 먹는다. 어떨 땐 쌈 채소만 쌈장을 찍어서 먹거나, 그냥 쌈 채소만 먹기도 한다. 또한 쌈을 먹을 때 풋고추, 당근, 오이 등의 채소들을 함께 곁들이는 경우가 많아 자연스럽게 다양한 채소들을 더 많이 먹게 된다. 한편 샐러드를 먹을 때 뿌려 먹는 드레싱엔 보통 상당량의 기름과 설탕이 들어가지만, 쌈에 곁들여 먹는 쌈장은 보통 기름과 설탕이 들어가지 않아 좀 더 건강한 소스라고 볼 수 있다. 따라서 전체적으로 쌈은 샐러드보다 좀 더 자연에 가까운 방식으로 채소를 먹는 방법이라고 할 수 있다.

하지만 최근 30여 년 사이 육류 섭취량 증가와 함께 쌈은 밥을 먹는 방법이 아니라, 고기를 먹는 방법으로 의미가 굳어졌다. 기후위기 시대를 맞아 이제 쌈의 의미도 기후미식의 관점으로 새롭게 다듬을 필요가 있다. 쌈이 밥이나 다양한 식물성 식품을 싸서 쌈장과 곁들여 먹는 식사 방법이라는 과거의 전통적인 의미를 회복하게 된다면, 쌈 문화는 한국뿐만 아니라 전 세계 기후미식 문화 확산에도 큰 역할을 하게 될 것이다.

기후위기 시대의 새로운 K-푸드

현재 한국인은 전 세계 최고 수준으로 많은 양의 채소를 먹고 있다. 2019년 기준 미국인은 하루에 392그램의 채소를 먹지만, 한국인은 그 2배에 가까운 682그램의 채소를 먹는다. 모두 한식의 중요한 특징인 김치, 나물, 쌈 덕분이다. 다양한 종류의 밥, 김치, 나물, 쌈 채소와 쌈장 등을 조합하기만 해도 수많은 식단 조합이 가능하다. 여기에 국이나 찌개까지 추가되면 식단은 무궁무진하게 변주될 수 있다. 다만 현재 한국인들이 즐겨 먹는 국이나 찌개에도 상당량의 동물성 식품이 재료로 사용되고 있지만, 국이나 찌개 또한 얼마든지 순 식물성 버전으로 즐길 수 있다.

예를 들면, 김치찌개를 끓일 때 순 식물성 김치를 사용하면 순 식물성 김치찌개가 된다. 고기나 참치 대신 두부를 활용하거나 최근 국내에도 유통되고 있는 식물성 대체육이나 식물성 참치를 첨가할 수도 있다. 된장찌개나 청국장도 멸치육수 대신 채수를 활용하거나 맹물에 다양한 채소를 좀 더 많이 넣어서 끓이면 얼마든지 맛있게 즐길 수 있다. 찜닭도 재료 중 닭만 두부로 바꾸면 순 식물성 버전으로 즐길 수 있다. 두부를 눌러서 물기를 더 빼면 좀 더 찜닭과 비슷한 느낌을 낼 수 있는데, 두부를 눌러 물을 빼는 도구도 시중에서 쉽게 구할 수 있다.

삼계탕 재료를 그대로 사용하면서 닭 대신 다양한 버섯을 넣은 '삼이탕'이라는 밀키트도 있다. 닭을 뜻하는 한자 '계(鷄)' 대신 버섯을 뜻하는 한자 '이(茸)'를 이름에 사용한 재치가 돋보이는 음식이다. 고등어조림도 고등어만 빼고 무조림 위주로 먹을 수도 있고, 두부나 버섯을 넣어서 조리면 고등어 없이도 얼마든지 맛있게 식사를 즐길 수 있다. 짜장이나 카레도 고기나 동물성 식품 없이, 기름을 최소화해서 즐길 수 있다. 이렇게 현재 우리가 즐겨 먹는 음식들에서 동물성 식품을 두부나 버섯, 다양한 식물성 고기 등으로 대체하면 거의 대부분의 음식들이 순 식물성 음식으로 재탄생할 수 있다.

기후위기 시대에 중요한 것은 능동성과 상상력이다. 등 떠밀리듯이 억지로 동물성 식품을 포기해야 하는 상황에선 기후미식은 반감의 대상이 될 수밖에 없다. 하지만, 아직 여유가 있을 때 능동적으로 맛있는 상상력을 발휘한다면, 식물성 식품 중심으로의 기후미식 전환은 새로운 맛을 향한 즐거운 여정이 될 수 있을 것이다. 그리고 이 과정에서 자연스럽게 기후위기를 조금씩 늦출 수 있다. 전 세계가 한국의 K-푸드에 주목할 때, 동시에 K-자연식물식, K-기후미식을 소개한다면 한국은 전 지구적 기후위기 대응에 매우 큰 역할을 하게 될 것이다.

풍성하고, 다채롭고, 이로운 자연식물식 실천하기

자연식물식 식품 구분

이제 자연식물식을 실천하는 방법에 대해 좀 더 자세히 살펴보자. 자연식물식을 이해하기 위해서는 먼저 자연식물식 관점의 식품 구분법을 알 필요가 있다. 자연식물식에서는 식품을 크게 ① 자연 상태 식물성 식품 ② 경미한 가공식품 ③ 고도 가공식품으로 구분한다. 자연 상태 식물성 식품은 현미, 통곡물, 녹말채소, 채소, 해조류, 과일, 버섯류, 콩류, 견과류, 씨앗류 등 자연에서 바로 얻을 수 있는 식물성 식품들로, 생으로 먹거나 삶거나 찌거나 구워서 먹을 수 있다.

경미한 가공식품은 다시 1단계, 2단계로 나눌 수 있는데, 자연 상태 식물성 식품을 가루 내거나, 껍질을 벗기거나, 건조시킨 건 1단계 가공식품이 되고, 1단계 가공에서 한 단계 더 가공된 식품은 2단계 가공식품이 된다.

고도 가공식품도 다시 그냥 고도 가공식품과 초고도 가공식품으로 나뉘는데, 식용유, 설탕, 분리단백질 등 식물성 식품에서 특정 성분만 추출한 식품과 이 식품이 상당 수준 첨가된 식품들이 고도 가공식품이고, 고도 가공식품 혹은 다양한 식품을 고열의 기름에 튀기거나 볶고, 설탕이나 각종 첨가물이 추가되면 초고도 가공식품이 된다(옆의 표 참조).

식품의 가공 정도에 따른 식품 구분을 현미와 사과를 예로 살펴보면 다음과 같다. 삶아서 밥 형태로 먹거나 물에 불려서 먹는 현미는 자연 상태 식물성 식품이다. 하지만, 껍질을 벗긴 백미로 만든 음식이나, 현미를 으깨거나 가루로 만들어서 만든 음식들은 1단계 가공식품이 된다. 2단계 가공식품은 좀 더 가공된 식품으로, 백미를 으깨거나 가루로 만들어서 만든 음식들이다. 백미나 현미에 설탕이나 기름이 추가되면 고도 가공식품이 되는데, 인절미, 꿀떡, 백설기, 절편 등 대부분의 떡들과 현미가루에 식물성 기름과 당분이 첨가된 대부분의 현미빵 그리

자연식물식 원칙에 따른 식물성 식품 구분

구분		설명
자연 상태 식물성 식품		현미, 통곡물, 녹말채소, 채소, 해조류, 과일, 버섯류, 콩류, 견과류, 씨앗류 등 논·밭·산·숲·나무·강·호수·바다 등의 자연에서 바로 얻을 수 있는 식물성 식품들
경미한 가공	1단계 가공식품	자연 상태 식물성 식품을 가루 내거나 껍질을 벗기거나 건조시킨 식품들
	2단계 가공식품	1단계 가공보다 한 단계 더 가공이 진행된 식물성 식품들 (예: 껍질 벗긴 곡식을 가루 내서 만든 음식)
고도 가공	고도 가공식품	식용유, 설탕, 콩단백, 밀단백 등 식물성 식품에서 특정 성분만 추출한 식품과 이 식품이 상당 수준 첨가된 식품
	초고도 가공식품	고열의 기름에 튀기거나 볶거나 구운 식품 (다량의 식용유 및 설탕 첨가)

고 전분이 분해되어 농축된 조청 등이 그 예다. 현미나 백미에 기름과 설탕이 더욱 대량으로 첨가되거나, 튀기거나 볶은 음식들은 초고도 가공식품이 된다.

사과를 예로 들면 껍질째 씹어 먹는 사과는 자연 상태 식물성 식품이고, 껍질을 깎거나 껍질째 스무디로 갈아 먹는 사과는 1단계 가공식품, 껍질을 제거해 스무디로 갈아 먹는 사과는 2단계 가공식품이 된다. 사과즙을 조려서 만든 사과시럽은 고도 가공식품이고, 사과를 기름에 튀기거나 설탕, 기름을 첨가해 조리한 음식들은 초고도 가공식품이 된다(옆의 표 참조).

그렇다면 자연식물식은 자연 상태 식물성 식품만 먹는 것을 뜻하는가? 그건 아니다. 자연 상태 식물성 식품을 최우선으로 식단에 포함하되, 필요에 따라 경미한 가공식품도 식단에 포함할 수 있다. 물론 2단계 가공식품보다는 1단계 가공식품을 더욱 우선적으로 선택한다. 고도 가공식품은 건강 회복이 우선인 경우엔 최대한 식단에서 배제한다. 하지만, 현재 큰 건강 문제가 없을 경우 가끔 먹을 수 있다. 물론 고도 가공식품을 먹으면서 불편한 증상이 느껴질 경우 바로 섭취를 중단할 준비를 해야 한다. 특히 초고도 가공식품의 경우 부작용 발생 위험이 더 크기 때문에 더욱 주의와 경계가 필요하다.

일부 식물성 식품의 가공 정도에 따른 식품 구분과 종류들

자연 상태 식물성 식품	경미한 가공 (기름 및 설탕 무첨가 혹은 최소 첨가)		고도 가공 (기름 및 설탕 대량 첨가)	
	1단계 가공 식물성 식품	2단계 가공 식물성 식품	고도 가공 식물성 식품	초고도 가공 식물성 식품
현미, 현미밥	백미밥, 현미미숫 가루,현미가래떡, 현미국수, 현미 빵, 현미튀밥,현미 라이스페이퍼	미숫가루, 백미 가래떡, 백미국 수, 백미빵, 백미 튀밥, 백미 라이 스페이퍼	조청, 인절미, 꿀 떡, 백설기, 절편 등 대부분의 떡, 현미빵	튀김, 강정, 볶음 밥, 현미과자, 백 미과자
통밀쌀 (삶기)	통밀파스타, 통밀국수, 통밀빵	백밀파스타, 백밀국수, 백밀빵	백밀빵, 과자 (소량의 기름, 설탕)	튀김, 빵, 과자, 전(대량의 기름, 설 탕)
감자 (삶기, 찌기, 굽기)	으깬 감자, 말린 감자칩		으깬 감자 (기름, 설탕 첨가)	감자전, 감자칩, 해쉬포테이토, 프렌치프라이
사과 (껍질○)	사과(껍질×), 사과 스무디 (껍질○), 사과칩 (건조, 껍질○)	사과 스무디 (껍질×), 사과칩 (건조, 껍질×)	사과주스, 사과즙, 사과즙 조림 (설탕×)	사과튀김, 사과파이
대두 (삶기)	콩물, 두부, 청국장, 낫토, 콩가루, 비지, 두유(섬유소○)	두유(섬유소×), 된장, 간장 (과도 염분)	콩기름, 콩고기, 두유(설탕 첨가)	유부, 두부튀김
참깨, 들깨	참깨가루, 들깨가루	거피들깨가루	참기름, 들기름	

자연식물식 식사 방법 ① 잘 씹기

자연식물식의 식품 구분을 보면서 사과를 껍질째 씹어 먹는 것과, 사과를 껍질째 갈아서 스무디 형태로 먹는 건 섭취하는 영양 성분에 있어서는 차이가 없기에 이 둘을 구분해야 하나 의문이 들 수도 있다. 하지만 영양 성분이 같더라도 먹는 방법에 따라 건강에 미치는 효과는 매우 다를 수 있다. 가령 사과를 먹으면 대장암을 비롯한 다양한 부위의 암 발생 위험이 감소하지만, 식이섬유가 제거된 사과주스를 마시면 오히려 대장암, 유방암을 비롯한 다양한 부위의 암 발생 위험이 증가한다. 사과주스는 식이섬유가 제거되는 가공 과정을 거치면서 일반적인 당분 음료와 비슷해지기 때문이다.

반면 사과 스무디는 다행히 식이섬유가 있어 사과주스만큼 위험하지는 않지만, 사과만큼의 암 예방 효과를 발휘하지는 못한다. 그 이유는 다음과 같다. 사과를 씹어 먹으면 보통 10분 정도 천천히 먹게 되어 혈당이 천천히 올라가고, 인슐린도 조금씩 분비되지만, 스무디 형태로 먹으면 1~2분 이내에 마시게 돼, 혈당이 급격히 상승하고, 인슐린도 과량 분비되면서 다양한 부작용이 뒤따르게 된다. 따라서 사과를 비롯한 다양한 과일은 될 수 있으면 껍질째 자연식품 상태로 먹는 것이 가장 좋고, 스무디 형태로 마실 때는 5~10분에 걸쳐 한 모금씩 오물오물 씹으며 천천히 먹는 것이 좋다.

과일 스무디를 먹을 때 외에도 천천히 잘근잘근 씹어 먹는 건 언제나 유용하다. 건강을 생각한다면 모든 음식을 1~2밀리미터 크기가 될 때까지 입에서 잘근잘근 씹은 다음에 삼키는 게 좋다. 이렇게 작게 씹은 후 삼키면 자연스럽게 천천히 먹게 되고, 음식이 위에 불필요하게 머무는 시간이 줄어 소화불량, 가스팽만, 속쓰림, 식도역류 등의 소화기계 증상을 덜 겪게 된다. 따라서 식품의 종류를 구분하는 것뿐만 아니라, 음식을 천천히 씹어먹는 것 또한 자연식물식의 일부라고 생각하는 것이 좋다. 특히 평소에 식물성 식품을 자주 먹지 않은 사람들은 자연식물식을 시도할 때 소화불량 증상을 겪는 경우가 많은데, 이는 자연식물식이 체질상 맞지 않아서가 아니라 아직 소화기관이 적응하지 못했기 때문이다. 2~3주 더 의식적으로 잘근잘근 씹은 후 삼키는 연습을 하다 보면 불편함을 최소화하면서 적응하게 될 것이다. 그리고 이 과정에서 미각이 되살아나 다양한 자연 상태 식물성 식품들 본연의 맛을 온전히 느끼며 자연식물식의 즐거움을 더 경험하게 된다.

자연식물식 식사 방법 ② 충분히 먹기

한편 자연식물식 식단을 실천하면서 반드시 기억해야 할 지침이 있다. 바로 먹는 음식의 양을 너무 줄이면 안 된다는 것이다. 자연 상태의 식물성 식품은 영양소 밀도가 높지만, 칼로리 밀도는 낮기 때문에, 자신에게 필요한 칼로리를 자연식물식으로 섭취하기 위해서는 충분한 양을 먹는 것이 무엇보다 중요하다. 가령 기존 식단에서 동물성 식품만 제외하는 방식으로 자연식물식을 실천할 경우 한 끼에 먹는 칼로리가 너무 감소해 쉽게 지치고, 허기감이 들어 건강하지 못한 음식을 먹게 될 가능성이 증가한다. 이런 이유로 동물성 단백질과 식용유, 설탕이 과도하게 첨가된 음식을 먹지 않는 대신, 현미밥, 보리, 통밀, 감자, 고구마, 옥수수 등 자연 상태에 가까운 녹말 음식을 조금 더 챙겨 먹는 것이 좋다. 그래야 지치지 않고, 허기감을 느끼지 않으면서 성공적으로 자연식물식을 지속할 수 있다.

그런데 이렇게 먹으면 탄수화물을 너무 많이 먹게 되는 건 아닌지 은근히 걱정하는 사람들도 있을 것이다. 하지만 탄수화물을 많이 먹더라도 식단에 식이섬유가 풍부하면 혈당이 천천히 올라가 인슐린 과량 분비 관련 부작용이 발생하지 않는다. 1970년대 한국인은 많은 양의 밥(일명 고봉밥)을 먹었음에도 비만, 고지혈증, 고혈압, 당뇨병, 심뇌혈관질환, 암, 치매가 거의 없었다는 사실을 떠올리면 탄수화물을 많이 먹는 것에 대한 불안을 내려놓을 수 있을 것이다. 비만과 각종 만성질환은 탄수화물 섭취가 줄고 동물성 단백질, 식용유, 설탕 섭취가 증가하면서 폭발적으로 증가하기 시작했다는 사실을 잊으면 안 된다.

식단 조합

이제 다양한 음식들로 어떻게 K-자연식물식 식단을 조합해서 먹을지 살펴보자. 식단은 크게 ① 녹말 식품류 ② 찌개, 국류, 소스, 수프류 ③ 김치, 나물, 채소무침과 같은 반찬류 세 가지로 구성하면 좋다. 여기에 샐러드나 쌈 채소를 곁들이면 더욱 건강한 식단이 된다. 먼저 마음에 드는 소스, 찌개, 국, 수프를 고른다. 그리고 그에 어울리는 녹말 음식을 선택한다. 현미밥, 면류, 수제비류(수제비, 현미가래떡, 현미떡볶이떡), 감자, 고구마, 옥수수, 오트밀, 바게트, 캄파뉴, 호밀빵, 통밀빵 등을 고를 수 있다. 여기에 반찬이나 샐러드를 추가하면 그럴듯한 자연식물식 한 끼 밥상이 차려진다.

예를 들어 채식 짜장소스가 집에 있으면 한 번은 현미밥, 다음에는 현미국수, 그다음에는 수제비나 현미떡볶이떡과 조합해서 먹을 수 있다. 다양한 종류의 빵과 곁들여 먹어도 잘 어울리고, 삶은 감자와도 잘 어울린다. 미역국도 다양하게 활용할 수 있다. 미역국에 밥을 말아 먹거나 현미쌀국수나 각종 국수를 말아 먹을 수도 있다. 먹다 남은 미역국에 떡국떡이나 수제비를 넣어 끓여 먹거나 오트밀을 넣어 미역오트밀죽을 만들어 먹을 수도 있다. 각종 된장국도 비슷하게 활용할 수 있다. 김치찌개나 김치찜을 밥반찬으로 먹다가, 조금 남았을 때 현미가래떡을 잘라 넣고 끓이면 김치뇨끼 같은 느낌으로 먹을 수도 있고, 현미밥을 넣고 졸이면 볶음밥이나 리소토가 될 수도 있다. 다양한 녹말 음식을 여러 음식과 수많은 방식으로 조합하면 다채로운 자연식물식 식단이 된다.

밥에 반찬을 곁들여 먹듯이 삶은 국수에 반찬을 곁들여 먹는 것도 얼마든지 가능하다. 그릇에 담은 맨 국수 위에 나물무침, 김치 등을 얹어 먹는 것이다. 국수 본연의 향과 맛을 제대로 즐길 수 있다. 채식 고추장소스나 비빔장을 직접 만들거나 순식물성 제품을 구입해두면 국수를 먹을 때 여러모로 편리하다. 소스나 비빔장은 밥을 비벼 먹을 때도 유용하다. 물론 다양한 잎채소를 곁들이면 금상첨화다.

그렇다면 설탕이나 식용유는 절대 사용할 수 없느냐? 설탕이나 참기름, 들기름이 음식의 맛을 뒤덮는 수준이 아니라, 본 재료의 맛을 도와주는 '조미료' 수준으로 쓰인다면, 얼마든지 사용 가능하다. 소금도 마찬가지다. 적당한 간은 재료 본연의 맛을 더욱 돋보이게 해준다. 어렵게 생각하지 말고, 한번 시도해보면 생각보다 어렵지 않다는 것을 깨닫게 될 것이다.

외식 추천 메뉴

끼니때마다 집에서 직접 음식을 만들어 먹거나 도시락을 싸서 외출하면 정말 좋겠지만, 현실적으로 쉽지 않다. 오히려 외식을 하게 되는 경우가 더 많다. 그럴 때 비교적 자연식물식에 가깝게 즐길 수 있는 메뉴 몇 가지를 추천하면 다음과 같다.

각종 비빔밥, 각종 나물밥, 곤드레밥, 콩나물밥 등은 비교적 자연식물식에 가깝게 즐길 수 있다. 대신 고기나 달걀 고명, 양념장에 다진 고기가 들어가는지 확인하고, 들어가면 빼달라고 정중히 부탁한다. 참기름도 뿌리지 말아 달라고 부탁할 수 있다.

콩나물국밥은 국물이 해산물 육수인 경우가 많지만, 국물이나 오징어 고명을 먹지 않는다면 건강상 큰 문제를 유발하지는 않는다. 다른 선택의 여지가 없을 때 차선책이 될 수 있다.

면 음식 중에는 콩국수, 쫄면, 비빔국수, 비빔막국수, 비빔냉면, 열무국수, 들깨칼국수, 들깨수제비, 토마토 파스타 등을 선택할 수 있다. 콩국수나 각종 비빔국수류, 열무국수에는 달걀을 얹어 주는 경우가 적지 않으니 확인 후 빼줄 것을 부탁하고, 열무국수에는 액젓이, 들깨칼국수나 들깨수제비에는 멸치나 황태육수가 사용된 경우가 있으니 주문 전에 미리 확인해보는 것이 좋다. 토마토 파스타도 치즈나 고기 육수가 들어가는 경우가 있으니 주문 전에 확인하는 것이 좋다.

두부두루치기는 두부 덩어리를 채소와 고춧가루 양념장으로 볶은 음식인데 밥이나 소면, 칼국수 등을 곁들여 먹기 좋다. 다만 멸치와 멸치육수를 사용하는 경우가 적지 않기 때문에 멸치나 멸치육수를 빼고 주문할 수 있는지 확인 후 주문한다.

피자 중에는 마리나라 피자가 순 식물성이다. 마리나라 피자는 도우 위에 올리브유와 마리나라소스를 바르고 바질, 토마토, 기본 향신료를 얹어서 구운 피자다. 가격도 저렴하고 맛도 좋지만, 판매하는 곳이 매우 드물다. 메뉴에 마리나라 피자가 눈에 띄면 일단 주문해서 맛보길 권한다. 치즈를 사용하는 마르게리타 피자와 헷갈리지 말아야 한다.

인도식 커리 중에서 알루고비, 달 마크니, 팔락 파니르(시금치커리), 야채커리 등의 커리는 버터, 치즈 같은 유제품을 제외

하면 순 식물성으로 즐길 수 있다. 버터와 치즈를 빼고 주문 가
능한지 확인하자. 한편 커리에 곁들여 먹는 난에는 버터가 사
용된 경우가 많기 때문에 밥을 곁들여 먹는 것이 안전하다.

'채식을 기본으로' 운동

최근 대학, 기업, 각종 행사 및 지방 자치단체, 식당에서 제공하는 식사의 기본을 순 식물성으로 제공하자라는 시민운동이 미국과 영국에서 시작됐다. 일명 '채식을 기본으로(Default Veg)' 운동이다. 인간의 건강뿐만 아니라 지구, 동물을 포함한 인류를 위한 식단을 기본 상식으로 만들기 위해 하는 대담한 운동이라고 볼 수 있다. 현재 인류는 '고기 기본', '고기 우선' 문화에 잠식되어 있다. 단체급식, 일반 식당, 각종 행사 등에서는 기본적으로 고기가 제공된다. 스테이크, 햄버거, 소시지, 햄 등이 언제나 음식의 핵심이고, 고기가 많을수록 융숭한 대접을 했다는 평가를 받는다.

한국도 메뉴만 다를 뿐 상황은 마찬가지다. 건강, 지구, 환경, 동물을 위해 동물성 식품을 먹지 않으려면 매우 번거롭게 설명과 부탁을 하거나, 아예 식사를 포기해야 한다. 하지만 지난 십수 년 사이 물밑에서 변화가 진행됐다. 2019년 조사에 의하면, 미국 대학생의 14퍼센트가 채식을 하고,[7] Z세대의 80퍼센트는 일주일에 최소 한 번 이상 고기 없는 식사를 원하고 있다.[8] 일반인 중 채식을 하는 사람은 4퍼센트에 불과하지만, 46퍼센트는 외식할 때 항상 혹은 가끔 채식 메뉴를 먹는다고 답했다. 심지어 완전 채식(Vegan) 메뉴를 항상 혹은 가끔 먹는다고 답한 사람도 20퍼센트에 달했다.[9] 상황이 이렇다 보니 음식에 동물성 식품을 기본적으로 포함해 제공할 경우 동물성 식품만 골라낸 후 먹거나 아예 음식 전체를 버리게 되는 경우도 상당할 수밖에 없다. '고기 기본' 문화가 음식 낭비, 음식물 쓰레기 문제를 악화시키고 있는 것이다. 이는 온실가스 배출 증가를 뜻하기도 한다. 2022년 조사에서는 항상 혹은 가끔 채식 메뉴를 먹는다고 응답한 미국인이 63퍼센트로 증가했다.[10] '채식을 기본으로' 운동이 시작될 만한 분위기가 무르익은 것이다.

2021년엔 '채식을 기본으로' 원칙을 적용했을 때 사람들의 음식 선택이 어떻게 바뀌는지에 대한, 덴마크 연구진의 매우 흥미로운 연구 결과가 발표됐다. 학술대회 참여자들에게 고기 메뉴를 기본으로 제공하면서 채식 메뉴를 선택할 수 있도록 할 때와 채식 메뉴를 기본으로 제공하면서 고기 메뉴를 선택할 수 있도록 할 때 채식 메뉴를 선택하는 비율을 조사했는데, '고기 기본'일 때 6퍼센트에 불과했던 채식 메뉴 선택 비율이 '채식 기본'일 때는 87퍼센트로 증가했다.[11] '채식을 기본으로' 운동의 잠재력이 어느 정도인지 짐작할 수 있다.

'영국 푸드플랜(UK Food Plan)'과 미국의 '더 나은 음식 재단(Better Food Foundation)'에 의해 시작된 '채식을 기본으로' 운동은 ① 행사에서 제공하는 식사의 기본을 순 식물성 식단으로 하면서, 육류나 해산물 옵션을 제공하거나 ② 뷔페 식사일 경우 순 식물성 음식을 보다 먹음직스럽고 눈에 잘 띄게 전면에 배치하고 ③ 순 식물성 음식을 동물성 음식보다 3배 많이 제공할 것을 제안하고 있다.[12] 현재 이 운동에는 옥스퍼드대학, 하버드대학, 스탠퍼드 의대, 미국폐협회(American Lung Association) 등이 참여하고 있다.

'채식을 기본으로'는 전 세계의 더 많은 대학과 기업, 각종 행사 및 지방 자치단체, 식당 등의 참여를 호소하고 있다. 기업은 직원들에게 제공하는 식사를 '채식을 기본으로' 바꿈으로써 급식 관련 탄소 발자국을 40퍼센트, 물 발자국을 24퍼센트 줄일 수 있다. 또한 식물성 식단에 관심이 많은 MZ세대와 다양한 건강상 문제, 문화적·종교적 배경을 갖고 있는 직원들을 만족시켜 회사에 대한 몰입도를 높일 수 있고, 직원들의 건강과 생산성도 개선돼 의료비 및 간접비용도 절감할 수 있다. 젊은 세대가 주된 구성원인 대학은 더 말할 것도 없이 큰 이득을 얻을 수 있다. 물론, 아직 한국은 갈 길이 멀다. 하지만, 변화의 속도를 놓고 보면 머지않아 미국과 같은 상황이 전개될 것으로 예상된다. 특히 새로운 선도국가 한국에 정착하길 바라는 세계 각지의 재능 있는 젊은이들의 증가는 변화를 더욱 가속시킬 것이다. 이제 더 늦기 전에 한국 사회의 다양성, 수용성을 높이기 위해서라도 '채식을 기본으로' 운동을 적극적으로 수용할 필요가 있다. 그 과정에서 한국 사회의 미진한 기후위기 감수성과 대응 노력이 한 단계 도약할 수 있게 될 것이다.

기후악당에서 기후미식 선도국으로

어쩌면, 고래를 살리는 것이 우리가 미래 세대를 위해 할 수 있는 최선의 일인지도 모른다. 뚱딴지같은 소리처럼 들릴 수 있지만, 바다에 더 많은 고래가 살수록 미래 세대의 탄소 예산이 증가하기 때문이다. 인류가 기후위기로 인한 파국을 피하기 위해서는 지구의 기온을 산업화 이전 대비 1.5도 이내로 상승을 제한해야 하는데, 이미 1.11도나 상승했다. 파국을 피하기 위해서는 미래 세대의 탄소 예산은 극도로 줄어들 수밖에 없다. 앞서 소개했듯이 2017년에 태어난 인류는 1인당 평생 44톤의 탄소만을 쓸 수 있다. 반면, 1950년에 태어난 인류는 1인당 333톤의 탄소를 배출할 수 있었다. 조부모 세대에 비해 탄소 예산이 7.7분의 1 수준으로 줄어든 것이다. 그런데 고래 한 마리가 바다에서 성장하는 동안 대기 중의 탄소 33톤을 몸에 저장한다. 아이가 태어날 때마다 바다에 고래를 한 마리씩 늘릴 수만 있다면, 아이들이 쓸 수 있는 탄소의 양은 44톤에서 77톤으로 75퍼센트 늘어날 수 있다. 고래는 미래 세대의 '탄소보험'과도 같은 존재인 것이다. 고래만 믿고 탄소를 흥청망청 쓸 수는 없지만, 마른 하늘의 단비와 같은 존재가 될 수 있다.

물론 고래를 인류의 신생아 수만큼 늘려나갈 수는 없다. 현재 인구수는 78억 명인데, 지구상에 남아 있는 고래 수는 고작 130만 마리에 불과하니 말이다. 하지만, 다행히 지구상엔 대기 중 탄소를 흡수하는 고래와 같은 또 다른 존재들이 아직 많이 남아 있다. 육지의 다양한 식물들과 연안의 다양한 수생식물들, 바다를 뒤덮고 있는 눈에 보이지도 않는 식물성 플랑크톤들, 그리고 이들이 광합성을 통해 생산한 에너지를 먹으며 탄소를 몸에 저장하는 육지와 바다의 무수히 많은 생명이 바로 그 또 다른 '고래'들이다.

기후위기로 인한 재앙이 본격화되면서 이 '고래'들의 존재가 더더욱 중요해지고 있다. 화석연료 사용 제한, 재생가능에너지와 전기·수소차로의 신속한 전환 등의 이산화탄소 배출을 줄이기 위한 노력은 지금보다 천 배, 만 배 더 커져야 한다. 하지만, 안타깝게도 이렇게 애써 이산화탄소 배출을 줄여도 그 효과는 70~80년 후에나

나타난다. 한 번 배출된 이산화탄소는 대기 중에 150년이나 머물기 때문이다. 하지만 '고래'들이 이산화탄소를 흡수하고 저장하면, 그 효과는 즉각적으로 나타난다. 전 세계 전문가들과 주요 국가들은 이런 현재의 급박한 상황을 인지하고, 대기 중 온실가스 흡수를 증가시킬 정책들을 적극적으로 추진하기 시작했다. 이제 이산화탄소 배출을 줄이는 것과 동시에 배출된 이산화탄소를 줄이기 위한 실천도 본격적으로 시작하게 된 것이다. 드디어 기후미식의 시대가 열렸다.

하지만, 현실 세계에서 기후미식을 실천하는 건 여간 번거로운 일이 아닐 수 없다. 여전히 동물성 단백질에 집착하는 문화가 팽배해 있어 식당에서 순 식물성 메뉴를 찾기 힘들고, 장을 볼 때도 순 식물성 제품을 구하기 매우 어렵다. 그럼에도 기꺼이 이런 번거로움을 감수하며 기후미식을 실천하는 사람들이 조금씩 늘어나고 있어서 정말 기쁘다. 기후미식을 실천하는 사람들이 늘어나면 직접적으로 축산과 어업으로 인한 온실가스 배출이 줄어들 뿐만 아니라, 보다 더 급진적인 기후위기 대응 정책들을 추진할 수 있기 때문이다.

2050년까지 순 배출 제로에 이르기 위해서는 지금 당장 혁명과 같은 변화가 필요하다. 온실가스 배출을 줄이기 위해 에너지 생산 방식의 변화, 산업구조의 변화, 교통 및 이동방식의 변화 등이 필요하다. 하지만 이 모든 것이 생계 및 경제적 이득과 관련 있기 때문에 정부도, 기업도 선뜻 변화를 시도하지 못하고 있다. 이런 상황에서 기후미식을 실천하는 사람들이 늘어난다면, 우리 사회는 좀 더 과감한 변화를 꿈꿀 수 있게 될 것이다. 기후미식을 실천하는 시민들은 온실가스 배출 감소를 위한 급진적인 정책과 경제구조 변화로 인해 초래할 수 있는 불편을 감수하고, 오히려 환영할 가능성이 높기 때문이다. 따라서 정책결정자들은 시민들이 보다 적극적으로 기후미식을 실천할 수 있도록 다양한 장려 정책 마련에 나설 필요가 있다. 기후미식이 새로운 상식으로 자리 잡지 않고서는 기후위기 대응을 위한 급진적인 변화에 엄두를 내기도 어려울 것이다.

현재 한국인의 식문화는 동물성 식품과 식물성 기름, 설탕에 심하게 치중해 있다. 하지만, 한국의 전통 식문화는 동물성 식품과 식용유, 설탕을 거의 사용하지 않았고, 더 나아가 서양 사회에 깊이 뿌리내린 유제품을 사용하는 전통도 없었다. 따라서 그리 오래되지 않은 과거의 전통을 되살리기만 한다면 즐겁고, 맛있고, 건강한 기후미식 식단, 즉 자연식물식 식단이 얼마든지 새로운 문화로 정착할 수 있으리라 생각한다. 그런 면에서 한국은 유제품을 허용하는 서구사회보다 훨씬 더 기후 친화적인 기후미식 잠재력을 가지고 있다고 볼 수 있다. 다양한 밥, 순 식물성 김치, 나물, 쌈, 각종 순식물성 찌개와 국 등은 훌륭한 기후미식 자원이다. 이제 우리의 홀

률한 기후미식 자원이 독일의 '기후미식 축제', 미국과 영국의 '채식을 기본으로' 운동 등 전 세계 다양한 기후미식 활동에 새로운 활력소가 되도록 할 때다.

이를 위해서는 우선 한국에서부터 기후미식 붐이 일어나야 한다. 한국식 자연식물식, K-자연식물식이 건강위기와 기후위기 대응을 위한 핵심적인 수단으로 인식될 필요가 있다. 그 과정에서 한국이 기후악당 국가라는 불명예를 벗고, 기후미식 선도국으로 우뚝 서게 되길 바란다. 또한 기후미식 실천이 식단 변화에 그치지 않고, 보다 포괄적이고 야심찬 기후위기 전환과 인간중심주의 및 이윤지상주의에서 벗어나는 혁명의 촉진자가 되기를 바란다. 기후위기 대응은 우리가 이룩한 문명과 가치관의 근본적인 전환이 될 수밖에 없기 때문이다.

《기후미식》 독자들이 우리 앞에 닥친 기후위기라는 거대한 위협에 대응하기 위해 기후미식을 실천하면서, 자연과 지구의 모든 생명체, 저소득국가에 살고 있는 인류와의 공존을 위한 사회적 결정에 있어서 중요한 역할을 하길 바란다.

부록

제철 음식 가이드

영양소별 고함량 자연식물식

기후미식가에게 추천하는 책

제철 음식 가이드

온실가스 배출을 줄이기 위해서는 식단을 순 식물성으로 바꾸는 것뿐만 아니라, 될 수 있으면 제철에 나오고, 거리가 가까운 곳에서 생산된 가공이 덜된 식재료를 선택하는 것도 중요하다. 요즘은 생나물, 과일, 해조류 등 연중으로 먹을 수 있는 농산물과 해조류가 많아졌지만, 여전히 제철로 알려진 채소나 과일도 많다. 예를 들면 마늘종을 1년 내내 시장에서 볼 수 있지만, 마늘종이 나오는 4~5월을 제외한 시기의 마늘종은 중국산이다. 이렇게 어느 시기에 어떤 식자재가 주로 나오는지 잘 살펴보면 좀 더 가까운 곳에서 생산되는 것들을 소비할 수 있다.

게다가 때에 맞는 가까운 지역에서 생산된 식재료는 가격도 저렴하고, 맛도 훨씬 신선하고 좋다. 그리고 지금 시기엔 무엇이 제철인지 생각하면 자연스럽게 계절의 변화를 느낄 수 있고, 그 계절을 더욱 풍성하게 즐길 수 있다.

하지만 제철 식재료도 기후변화에 따라 바뀌고 있고, 지역별로도 다양해지고 있다. 따라서 변화하는 기후에 따라 어떤 음식이 제철인지도 몇 년마다 한 번씩은 새로 고쳐주어야 한다. 반갑게도 농림축산식품부가 운영하는 '농식품정보누리' 웹페이지의 '제철농식품' 정보에서 확인할 수 있다.[1] 첫 번째 부록에는 2022년 기준으로 제철 음식을 즐길 수 있도록, 월별 제철 식재료와 이 식재료를 활용해 만들 수 있는 음식들의 예를 계절별로 정리했다.

봄엔 각종 산나물들이 넘쳐난다. 이 산나물들로 나물을 무쳐서 반찬으로 먹고 비빔밥, 비빔국수의 재료로 활용할 수 있다. 그리고 참나물, 취나물, 달래, 두릅, 죽순, 완두콩 등 다양한 제철 음식들을 현미와 섞어 밥을 지으면, 간단한 간장양념만으로도 한 끼를 감칠나게 해결할 수 있는 나물밥, 두릅밥, 죽순밥, 완두콩밥 등이 된다. 또 바질페스토처럼 갖가지 산나물들을 활용해 페스토를 만들 수 있는데, 참나물 페스토, 달래 페스토 등이 대표적이다. 이렇게 만든 다양한 산나물 페스토를 활용해 산나물 파스타를 만들어 먹을 수도 있고, 빵에 얹어 먹을 수도 있다. 봄에만 맛볼 수 있는 생고사리로 만든 고사리 파스타도 아주 맛이 좋다. 그 외 각종 제철 식재료를 활용한 김치, 전병, 드레싱 등을 만들어 먹을 수 있고, 봄이 제철인 산딸기로 샤베트를 만들어 즐길 수 있다.

옆의 표에 제시되어 있는 대부분의 음식들은 온라인에서 레시피를 검색할 수 있다. 철마다 나의 아내가 집에서 만들었던 음식들이기도 하다. 본인이 원하는 식재료와 음식 이름을 조합해 검색하면 된다. 이미 여러 사람이 자신의 경험담을 온라인에 남겨두었기 때문에 겁먹지 말고 검색해보기 바란다. 만약 원하는 조합이 나오지 않거나, 순 식물성이 아닌 경우 최대한 비슷한 레시피를 찾아 적당한 순 식물성 대체재료를 활용해 적용하면 된다. 처음엔 어렵게 느껴지겠지만, 한두 번만 해보면 금세 자신감이 붙을 것이다. 제철 음식 예시를 참고삼아 각자의 취향대로 더 다양한 음식들을 창조해낼 수 있을 것이다. 앞으로의 내용이 더욱 풍요로운 기후미식의 밑거름이 되길 바란다.

계절별로 즐길 수 있는 제철 음식 예시

봄	산나물·완두콩·죽순 솥밥, 봄부추 수제비, 산나물 파스타, 쑥 머핀·떡, 봄나물 전병, 다양한 나물무침과 김치, 생나물을 다져 만든 드레싱, 산딸기 샤베트
여름	가지 덮밥, 보리쌀 샐러드, 오이미역냉국 국수, 옥수수 수프, 토마토 채소국, 여름채소 카레, 복수박 화채
가을	뿌리채소 밥, 아욱기장된장국밥, 쪽파 파스타, 사과 설기, 토란 조림, 갓김치, 가을 채소피클, 단호박·밤 수프, 가을 양배추구이, 사과 생강 스무디
겨울	건나물 비빔국수·파스타, 고구마 샌드위치, 당근 수프, 대추곶감말이, 시금치·우엉 잡채, 비트구이 샐러드, 콜라비 김치, 깍두기

월별 제철 채소

연중	깻잎, 숙주나물, 콩나물
1월	방울양배추, 섬초, 세발나물, 솔부추, 시금치, 연근, 우엉, 취청오이
2월	봄동, 섬초, 세발나물, 시금치, 연근, 우엉, 유채나물, 취청오이
3월	냉이, 달래, 더덕, 돌나물, 마늘, 머위, 머위대, 미나리, 봄동, 비트, 산마늘, 섬초, 세발나물, 시금치, 쑥, 씀바귀, 연근, 우엉, 울외, 유채나물, 적채, 취나물
4월	고사리, 곰취, 껍질콩(그린빈), 냉이, 노각, 달래, 더덕, 돌나물, 두릅, 마늘, 마늘종, 머위, 머위대, 미나리, 봄동, 비트, 산마늘, 시금치, 쑥, 씀바귀, 아스파라거스, 양파, 울외, 적채, 참나물, 취나물, 피망
5월	고구마순, 고사리, 곤드레, 곰취, 껍질콩(그린빈), 노각, 당귀, 두릅, 마늘, 마늘종, 미나리, 방풍나물, 비트, 산마늘, 상추, 쑥갓, 아스파라거스, 양배추, 양파, 엉겅퀴, 열무, 울외, 오이, 적채, 죽순, 쪽파, 참나물, 취나물, 케일, 파슬리, 파프리카, 피망, 호박잎
6월	가지, 고구마순, 고사리, 고추냉이, 곤드레, 곰취, 근대, 껍질콩(그린빈), 노각, 당귀, 미나리, 배추, 부추, 브로콜리, 비트, 삼채, 상추, 샐러리, 쑥갓, 애호박, 양배추, 양파, 엉겅퀴, 열무, 오이, 울외, 적채, 죽순, 참나물, 청경채, 케일, 파슬리, 파프리카, 피망, 호박잎, 홍고추
7월	가지, 고추, 고추냉이, 근대, 꽈리고추, 껍질콩(그린빈), 노각, 당귀, 도라지, 미나리, 부추, 비름나물, 상추, 샐러리, 아욱, 알로에, 애호박, 양배추, 양파, 엉겅퀴, 오크라, 오이, 울외, 참나물, 치커리, 파슬리, 파프리카, 피망, 호박잎, 홍고추
8월	가지, 고추, 꽈리고추, 근대, 껍질콩(그린빈), 늙은호박, 도라지, 방아잎, 부추, 비름나물, 상추, 생강, 신선초(명일엽), 아욱, 알로에, 애호박, 오크라, 오이, 치커리, 파프리카, 피망, 참나물, 호박잎, 홍고추
9월	가지, 갓, 고추, 근대, 껍질콩(그린빈), 꽈리고추, 늙은호박, 대파, 도라지, 방아잎, 부추, 브로콜리, 비름나물, 생강, 신선초(명일엽), 연근, 애호박, 오크라, 인삼, 상추, 샐러리, 참나물, 취, 케일, 콜리플라워, 콩잎, 토란대, 파프리카, 피망, 호박잎, 홍고추
10월	가지, 갓, 강황, 고들빼기, 고추, 근대, 껍질콩(그린빈), 늙은호박, 당근, 대파, 마, 무, 미나리, 방아잎, 부추, 비트, 브로콜리, 상추, 샐러리, 생강, 순무, 애호박, 야콘, 연근, 오크라, 인삼, 청경채, 총각무, 취, 케일, 콜리플라워, 콩잎, 토란대, 파슬리, 파프리카, 피망, 히카마, 홍고추
11월	갓, 강황, 고들빼기, 고추, 늙은호박, 당근, 대파, 마, 무, 미나리, 방아잎, 배추, 브로콜리, 상추, 샐러리, 생강, 섬초, 순무, 시금치, 양배추, 얼갈이배추, 연근, 울금, 쪽파, 총각무, 콜라비, 콜리플라워, 파프리카, 피망, 홍고추
12월	당근, 돼지감자, 배추, 브로콜리, 섬초, 얼갈이배추, 총각무, 콜라비, 콜리플라워

계절별 제철 생해조류

해조류는 보통 말려서 유통되기에 제철 개념 없이 언제든 이용할 수 있지만, 일부 해조류의 경우 건조되지 않은 생해조류로 계절별로 즐길 수 있다. 기후변화에 따라 해조류의 철도 변화하고 있어 아래 제철 생해조류 예시를 참고하여 변화양상을 추가로 살펴보길 바란다. 아래 자료는 수협 및 K-Food Archive의 자료를 참고하여 정리했다.[2]

연중	각종 건해조류(건미역, 건다시마, 김 등)
봄	감태(12~3월), 꼬시래기(3~10월), 다시마(11~6월), 미역(12~5월), 모자반(1~4월), 톳(3~5월)
여름	꼬시래기(3~10월), 다시마(11~6월), 우뭇가사리(4~10월)
가을	꼬시래기(3~10월), 다시마(11~6월), 생파래·물파래(9~11월), 우뭇가사리(4~10월)
겨울	감태(12~3월), 곰피(12~3월), 김(12~2월), 생다시마(2~5월), 매생이(11~2월), 미역(2~4월)

계절별 제철 버섯

연중	느타리버섯, 능이버섯, 양송이버섯, 영지버섯, 새송이버섯, 팽이버섯
봄	목이버섯(3~6월)
여름	목이버섯(3~6월), 노루궁뎅이버섯(8~10월)
가을	노루궁뎅이버섯(8~10월), 가지버섯(10~11월), 표고버섯(9~11월)

월별 제철 과일

연중	깻잎, 숙주나물, 콩나물
1월	감귤, 딸기, 레드향, 레몬, 한라봉
2월	감귤, 딸기, 천혜향, 한라봉
3월	감귤, 딸기, 천혜향, 한라봉, 파인애플
4월	딸기, 파인애플, 하귤
5월	딸기, 매실, 애플망고, 오디, 체리, 파인애플, 하귤
6월	매실, 방울토마토, 보리수열매, 복분자, 복숭아, 산딸기, 살구, 수박, 애플망고, 앵두, 참외, 체리, 파인애플, 하귤
7월	구기자, 매실, 멜론, 방울토마토, 복분자, 복숭아, 블루베리, 사과, 살구, 수박, 아로니아, 애플망고, 앵두, 용과, 자두, 참외, 토마토, 파인애플
8월	멜론, 방울토마토, 배, 복분자, 복숭아, 블루베리, 사과, 수박, 아로니아, 애플망고, 용과, 자두, 참외, 청귤, 토마토, 파인애플, 포도
9월	감, 대추, 머루, 멜론, 모과, 무화과, 방울토마토, 배, 블루베리, 사과, 아로니아, 애플망고, 오미자, 용과, 청귤, 토마토, 파인애플, 포도
10월	감, 감귤, 대추, 구기자, 레몬, 머루, 모과, 무화과, 멜론, 배, 사과, 오미자, 애플망고, 용과, 키위, 포도
11월	감, 감귤, 구기자, 레몬, 사과, 유자, 키위
12월	감귤, 레몬, 유자, 키위, 한라봉

월별 제철 곡식

5월	밀
6월	보리
8월	기장, 호밀
9월	귀리, 기장, 쌀, 수수, 율무, 조, 찹쌀, 호밀, 흑미
10월	귀리, 기장, 메밀, 쌀, 수수, 아마란스, 율무, 조, 찹쌀, 흑미
11월	메밀

월별 제철 녹말 음식

5월	초당옥수수
6월	감자, 단호박, 초당옥수수
7월	감자, 단호박, 옥수수
8월	감자, 단호박, 옥수수, 밤
9월	감자, 고구마, 단호박, 밤, 야콘, 옥수수
10월	감자, 고구마, 단호박, 밤, 야콘, 토란
11~12월	단호박

월별 제철 콩류

5월	완두
6월	강낭콩
7월	강낭콩, 밤콩
9월	녹두, 대두(백태), 팥
10월	녹두, 대두(백태), 서리태, 팥
11월	서리태

월별 제철 견과류 및 씨앗류

3~7월	호박씨
8월	잣, 참깨, 호박씨
9월	은행, 잣, 참깨, 호두, 호박씨
10월	들깨, 땅콩, 은행, 잣, 호두, 호박씨
11월	땅콩, 잣
12월	잣

영양소별
고함량 자연식물식

건강한 기후미식, 즉 자연식물식을 실천할 때 가장 중요한 것은 다양한 식물성 식품들을 가공이 덜된 상태로, 본인에게 필요한 칼로리만큼 충분히 섭취하는 것이다. 식물성 식품만으로도 최상의 건강을 유지하는 데 필요한 모든 영양소를 충분히 섭취할 수 있다. 이를 위해서는 다양한 식물성 식품들의 '1회 분량'과 해당 분량의 대략적인 칼로리를 알아두는 것이 필요하다. 충분한 칼로리를 섭취하기 위해서는 칼로리 밀도가 높은 통곡물, 녹말 음식, 콩류 등의 음식 섭취가 중요하다.

두 번째 부록에서는 주요 고열량 음식의 영양소 구성과 단백질, 오메가3 지방산, 칼슘, 철분, 엽산, 아연, 칼륨, 마그네슘 등의 영양소 함량이 높은 식물성 식품들을 각각 '1회 분량' 기준으로 제시하니 식단 구성에 참고하길 바란다. '1회 분량'이란 음식의 특성에 따라 1회 섭취하기 적당한 식품의 양을 뜻한다. 예를 들어 칼로리 공급이 주요 역할인 녹말류 식품들은 1회에 300칼로리를 제공하도록 1회 제공량이 정해진다. 단백질류는 100칼로리를 제공할 수 있는 양이, 채소류는 15칼로리를 제공할 수 있는 양이 1회 분량으로 결정된다.

'1회 분량'을 바탕으로 각자에게 필요한 칼로리만큼 다양한 식품군을 하루에 몇 분량씩 먹을지 가늠해볼 수 있다. 영양소 함량은 농촌진흥청에서 발간하는 〈국가표준식품성분표〉의 2021년 개정판을 참고하였다.[3] 또한 성별·연령별 일일 권장섭취량은 한국영양학회가 발행하는 〈2020 한국인 영양소 섭취기준〉을 참고했다.[4]

주요 식물성 식품의 1회 분량 기준

식품군	식품명	중량(g)
녹말 식품류 (300kcal 상당)	현미, 백미, 보리, 조, 수수, 국수(건면), 당면	90
	밥(현미, 백미), 국수(생면), 고구마, 옥수수, 밤	210
	감자, 토란, 마, 야콘, 단호박	440
	떡(가래떡, 설기떡, 시루떡, 팥소떡)	150
	식빵, 팥빵, 잼빵	100
	크로와상, 곰보빵, 마늘빵, 꽈배기, 도넛	80
단백질류 (100kcal 상당)	견과류(땅콩, 아몬드, 호두 등), 씨앗류(참깨, 들깨, 잣, 해바라기씨 등), 대두(건조)	20
	기타 건조 콩류(강낭콩, 완두, 동부, 팥, 녹두, 병아리콩, 렌즈콩 등)	30
	기타 생콩류(강낭콩, 완두, 동부)	70
	두부, 비지	110
	두유, 콩국물, 순두부, 연두부	200
채소류 (15kcal 상당)	배추, 무, 고추, 당근, 오이, 콩나물, 시금치, 생해조류 등	70
	우엉, 연근	20
	배추김치, 깍두기, 단무지	40
	생버섯(느타리, 표고, 양송이, 팽이 등)	30
	건나물, 건고사리, 무말랭이, 마늘, 건해조류, 건버섯	10
과일류 (50kcal 상당)	참외, 수박, 딸기 등	150
	사과, 귤, 배, 바나나, 감, 포도, 복숭아, 오렌지	100
	건포도, 건대추	15
	(과일음료)	100
유지류 및 당류 (45kcal 상당)	들기름, 참기름, 올리브유	5
	설탕, 물엿, 조청, 시럽, (꿀)	10

고열량 식물성 식품- 곡물 및 녹말류

자연식물식은 주로 곡물 및 녹말류 음식을 통해 칼로리를 섭취한다. 이 음식들의 1회 분량은 대략 300칼로리를 갖는다. 건조된 곡식 약 90그램에 물을 부어 조리하면, 대략 210그램의 조리된 곡식이 된다. 각자에게 필요한 칼로리를 섭취하려면 곡물과 녹말류 음식들을 얼마만큼 먹어야 하는지 아래 표를 보고 가늠해볼 수 있다. 계절에 따라 다양한 음식들을 섭취해보길 바란다.

주요 식품 '1회 분량'당 영양소 및 주요 미네랄 함량(녹말류)

식품명	1회 분량 (g)	칼로리 (㎉)	수분 (g)	탄수화물 (g)	단백질 (g)	지질 (g)	칼슘 (㎎)	철 (㎎)
현미	90	319	11.3	68.6	8.1	0.9	9.0	1.5
백미	90	335	10.4	71.4	6.9	0.9	10.8	1.0
찰현미	90	325	11.6	68.1	6.6	2.5	13.5	1.2
찹쌀	90	339	8.6	73.7	6.7	0.4	3.6	2.0
통밀	90	308	8.3	67.1	11.9	1.4	21.6	4.7
백밀	90	300	9.5	68.2	9.5	0.9	46.8	4.2
쌀보리	90	308	12.2	67.0	8.4	1.6	27.0	2.3
쌀귀리	90	334	8.7	63.4	12.9	3.4	16.2	6.3
율무	90	339	8.5	63.5	13.9	2.9	9.0	3.3
통밀가루	90	329	12.7	64.4	10.7	1.4	23.4	2.7
백밀가루	90	338	10.4	69.0	9.3	0.9	15.3	0.7
메밀가루	90	337	9.5	64.2	11.7	3.0	15.3	2.6
호밀가루	90	316	12.2	68.2	7.7	1.4	22.5	1.4
차조	90	333	10.5	64.7	9.8	3.4	22.5	3.3
아마란스	90	345	6.2	60.5	15.4	5.3	226.8	8.8
수수	90	337	9.2	66.3	10.5	2.7	7.2	2.6
찰수수	90	334	10.0	65.6	10.1	2.9	7.2	2.1
현미밥	210	351	122.9	78.3	6.9	0.4	6.3	1.9
백미밥	210	319	133.6	69.7	6.3	0.2	4.2	0.8
찰옥수수	210	344	123.1	71.4	10.1	3.4	10.5	2.4
단옥수수	210	229	150.2	49.1	8.0	1.1	44.1	3.8
호박고구마	210	296	134.2	70.9	2.5	0.4	44.1	1.1
밤고구마	210	323	127.3	78.1	2.1	0.2	31.5	0.9
밤	210	317	129.2	70.1	6.9	1.1	33.6	1.8
수미감자	440	308	356.8	70.7	8.5	0.1	26.4	1.8
토란	440	312	355.5	69.4	9.2	0.6	48.4	2.6
마	440	277	365.6	61.8	8.1	0.5	39.6	1.9
단호박	440	251	367.8	60.0	5.2	2.9	52.8	1.6
멥쌀 가래떡	150	320	69.6	73.2	5.6	0.6	15.0	0.2
멥쌀 시루떡	150	275	80.6	58.4	8.7	0.6	27.0	1.3
찹쌀 시루떡	150	272	81.3	56.4	9.9	0.6	31.5	1.7

고열량 식물성 식품 – 단백질류

콩류 및 견과, 씨앗류 음식들의 1회 분량은 약 20~30그램 소량으로, 1회 분량당 대략 100칼로리를 갖는다. 이 음식들은 칼로리뿐만 아니라 단백질과 칼슘의 훌륭한 공급원이기도 하다. 곡물 및 녹말류 음식에 보조적으로 필요한 칼로리 범위 내에서, 계절에 따라 다양한 콩류와 견과류, 씨앗류 음식들을 섭취하면 단백질에 관한 걱정은 할 필요가 없다.

주요 식품 '1회 분량'당 영양소 및 주요 미네랄 함량(단백질류)

식품명	1회 분량 (g)	칼로리 (kcal)	수분 (g)	탄수화물 (g)	단백질 (g)	지질 (g)	칼슘 (mg)	철 (mg)
대두(메주콩)	20	82	2.2	6.6	7.2	2.9	52.0	1.3
대두(서리태)	20	83	2.1	6.1	7.7	3.2	39.8	1.2
강낭콩	30	105	3.1	19.2	6.4	0.3	29.7	2.7
완두	30	109	2.4	20.1	6.2	0.4	25.5	1.7
동부	30	103	4.3	18.2	5.9	0.6	16.8	1.5
붉은팥	30	101	4.3	17.8	6.5	0.3	21.3	1.6
녹두	30	106	2.8	18.0	7.4	0.5	30.0	1.2
병아리콩	30	112	3.2	18.9	5.2	1.7	45.9	1.4
렌즈콩	30	108	2.9	19.6	6.3	0.4	21.6	2.2
강낭콩(생것)	70	120	39.3	22.7	6.2	0.6	34.3	2.2
완두(생것)	70	80	49.7	13.7	5.5	0.3	25.2	1.5
동부(생것)	70	116	41.0	20.6	6.7	0.7	18.9	1.8
두부	110	107	89.3	4.1	10.6	5.1	70.4	1.7
비지	110	81	91.1	12.9	3.9	1.7	72.6	2.5
두유	200	124	178.0	6.8	6.0	7.8	160.0	1.1
콩국물	200	114	175.6	7.5	9.7	5.1	54.0	1.2
연두부	200	100	180.8	3.9	9.3	5.0	60.0	1.6
순두부	200	84	181.2	1.4	13.7	2.7	30.0	1.4
유부	25	113	7.3	2.0	6.5	8.6	146.0	1.2
땅콩	20	113	0.5	4.0	5.7	9.2	13.4	0.4
아몬드	20	116	0.7	4.0	4.7	10.0	73.6	1.0
호두	20	138	0.6	1.6	3.1	14.4	16.2	0.5
캐슈넛	20	115	0.6	5.3	4.0	9.5	7.6	1.0
잣	20	126	0.7	3.9	3.2	11.9	3.6	1.2
해바라기씨	20	118	0.9	3.7	4.4	10.5	20.6	1.1
호박씨	20	110	1.3	1.1	7.1	9.6	7.6	1.7
참깨	20	111	0.5	4.4	5.1	9.1	150.0	1.6
흑임자	20	110	0.5	5.3	4.2	8.8	229.2	1.2
들깨	20	106	0.9	5.9	4.5	7.9	78.2	1.5
아마씨	20	113	0.1	6.1	4.4	8.7	42.0	1.8
치아씨	20	97	1.2	8.4	3.3	6.1	126.2	1.5
햄프씨드	20	93	1.2	6.3	5.9	5.6	26.0	2.6

단백질

단백질 일일 권장섭취량은 성별·연령별로 다양하여 15~65그램 수준이고, 임신 시 30그램, 수유 시 25그램의 추가 보충이 필요하다. 다양한 식물성 식품들 중 단백질 함량이 높은 음식들을 참고한다면, 식물성 식품만으로도 충분한 단백질을 섭취할 수 있다는 것을 알 수 있을 것이다. 참고로 한국의 단백질 권장섭취량은 세계보건기구의 권장량보다 10퍼센트가량 많다. 한국의 단백질 권장량이 과하게 많음에도 불구하고 식물성 식품으로 충분히 충족할 수 있는 것이다.

주요 식품 '1회 분량'당 단백질 함량(고열량 식품)

식품명	1회 분량(g)	칼로리(㎉)	단백질(g)
아마란스	90	345	15.4
쌀귀리	90	334	12.9
통밀	90	308	11.9
메밀가루	90	337	11.7
쌀보리	90	308	8.4
현미	90	319	8.1
찰옥수수	210	344	10.1
토란	440	312	9.2
수미감자	440	308	8.5
호박씨	20	110	7.1
땅콩	20	113	5.7
참깨	20	111	5.1
아몬드	20	116	4.7
들깨	20	106	4.5
대두(서리태)	20	83	7.7
쥐눈이콩	20	81	7.5
대두(메주콩)	20	82	7.2
녹두	30	106	7.4
붉은팥	30	101	6.5
강낭콩(건조)	30	105	6.4
렌즈콩	30	108	6.3
동부	30	103	5.9
병아리콩	30	112	5.2
동부(생것)	70	116	6.7
강낭콩(생것)	70	120	6.2
완두(생것)	70	80	5.5
두부	110	107	10.6
콩국물	200	114	9.7

주요 식품 '1회 분량'당 단백질 함량(저열량 식품)

식품명	1회 분량 (g)	칼로리 (㎉)	단백질 (g)
두릅	70	32	4.7
콩잎	70	66	4.6
호박잎	70	32	3.4
콩나물	70	25	3.2
깻잎	70	33	3.1
시금치	70	20	2.9
케일	70	19	2.5
방울양배추	70	34	2.3
브로콜리	70	22	2.2
콜리플라워	70	19	1.5
고춧잎(건조)	10	27	3.5
고사리(건조)	10	26	2.6
참취나물(건조)	10	30	2.7
가지(건조)	10	29	1.5
김	10	16	4.2
파래김	10	14	2.4
미역	10	15	2.0
매생이(생것)	70	27	2.7
미역(생것)	70	13	2.1
파래(생것)	70	8	1.5
톳(생것)	70	10	1.3
꼬시래기(생것)	70	12	1.3
표고버섯(생것)	30	12	1.4
느타리버섯	30	6	1.3
표고버섯(건조)	10	18	2.2
목이버섯(건조)	10	17	1.2

오메가3 지방산

필수 지방산인 오메가3 지방산은 알파-리놀렌산(Alpha-Linolenic Acid, ALA)이 유일하다. EPA, DHA 등 탄소사슬의 길이가 긴 오메가3 지방산은 알파-리놀렌산에서 합성되므로 굳이 어류를 통해서 섭취할 필요가 없다. 알파-리놀렌산 일일 충분섭취량은 성별·연령 별로 다양하지만, 0.6~1.7그램 수준이고, 임신 및 수유 시에 추가 보충은 필요 없다. 옆의 오메가3 지방산(알파-리놀렌산) 함량이 높은 식물성 식품들을 소량씩만 섭취해도 권장량을 충분히 충족할 수 있다.

아울러 오메가3 지방산과 오메가6 지방산(리놀레산을 포함한 총 오메가6 지방산)은 동량 혹은 1:4를 넘지 않는 수준으로 섭취하는 것이 이상적이다. 오메가3 지방산은 염증을 적절한 수준으로 조절하지만, 오메가6 지방산은 염증을 증폭시키기 때문이다. 오메가6 지방산은 다양한 곡물과 견과류, 씨앗류 등을 통해 충분히 자연스럽게 섭취하기 때문에 별도로 신경 쓸 필요가 없다. 또한 현대인은 곡물 사료로 사육된 가축들에서 나온 동물성 식품들을 통해서도 과량의 오메가6 지방산을 섭취하고 있기 때문에 만성염증을 조절하기 위해서는 동물성 식품 섭취를 줄이고, '오메가3/6 비'가 높은 식물성 식품 위주로 오메가3 지방산을 섭취하는 것이 좋다.

한편, 깻잎, 호박잎, 건고춧잎, 매생이의 높은 오메가3 지방산 함량과 '오메가3/6 비'를 주목할 필요가 있다. 엽록소가 광합성을 하기 위해서는 오메가3 지방산이 필수적이기 때문에, 초록색 채소에는 상대적으로 오메가3 지방산 함량이 높다. 따라서 식사 때마다 초록색 채소를 1~2회 분량 이상 먹으면, 소량이지만 오메가3 지방산을 적립할 수 있다. 광합성을 하는 엽록소는 온실가스를 흡수할 뿐만 아니라 인간의 건강에도 필수적이다.

주요 식품 '1회 분량'당 오메가3 및 오메가6 지방산 함량

식품명	1회 분량 (g)	칼로리 (㎉)	오메가3 지방산(g)	오메가6 지방산(g)	오메가3/6 비 (n-3/n-6 ratio)
들기름	5	46	3.11	0.65	4.7
들깨	20	106	4.96	1.04	4.8
아마씨	20	113	4.72	1.13	4.2
치아씨	20	97	3.57	1.17	3.1
호두	20	138	2.29	8.30	0.3
햄프씨드	20	93	0.93	2.94	0.3
대두(서리태)	20	83	0.27	1.66	0.2
대두(메주콩)	20	82	0.24	1.51	0.2
피스타치오	20	117	0.16	3.03	0.1
강낭콩(생것)	70	120	0.19	0.16	1.2
고춧잎(건조)	10	27	0.26	0.10	2.6
우거지	10	28	0.07	0.01	4.6
쑥(건조)	10	27	0.06	0.04	1.8
애호박(건조)	10	28	0.05	0.02	3.1
깻잎(생것)	70	33	0.18	0.05	3.6
호박잎(생것)	70	32	0.18	0.02	8.3
매생이(생것)	70	27	0.18	0.11	1.7

칼슘

칼슘 일일 권장섭취량은 성별·연령별로 다양하여 250~1,000밀리그램 수준이고, 임신 및 수유 시에 추가 보충은 필요 없다. 아래 칼슘이 풍부한 음식들을 참고하여 채소류, 해조류, 견과류 등 다양한 식물성 식품을 적절히 먹으면 충분히 섭취할 수 있다.

주요 식품 '1회 분량'당 칼슘 함량

식품군	식품명	1회 분량 (g)	칼로리 (㎉)	칼슘 (㎎)
채소류	모시잎	70	44.8	613.9
	고춧잎(생것)	70	31.5	258.3
	케일	70	18.2	229.6
	깻잎	70	32.9	207.2
	아욱	70	25.9	186.9
	고춧잎(건조)	10	26.6	149.5
	우거지	10	27.8	98.1
	취나물(건조)	10	29.9	74.5
	무말랭이	10	31.8	34.4
	애호박(건조)	10	28.4	26.7
	가지(건조)	10	29	23.5
콩류	대두(메주콩)	20	81.8	52.0
	대두(밤콩)	20	82	47.8
	쥐눈이콩	20	80.6	42.4
녹말류	아마란스	90	344.7	226.8
해조류	꼬시래기(생것)	70	11.9	441.0
	모자반(생것)	70	10.5	146.3
	미역(건조)	10	14.9	110.9
	톳(건조)	10	8.1	76.8
	다시마(건조)	10	11	70.8
	돌김(건조)	10	16.5	41.2
	김(건조)	10	26.5	26.5
견과, 씨앗류	검정깨	20	109.8	229.2
	참깨	20	111.2	150.0
	치아씨	20	97.2	126.2
	들깨	20	106	78.2
	아몬드	20	116.2	73.6
	헤이즐넛	20	137.8	62.4
	아마씨	20	112.8	42.0

철분

철분 일일 권장섭취량은 성별·연령별로 다양하여 0.3~16밀리그램 수준이고, 임신 시 16밀리그램의 추가 보충이 필요하고, 수유 시에는 추가 보충이 필요 없다. 아래 철분이 풍부한 음식들을 참고하여, 건강한 녹말 음식과 채소, 해조류를 포함한 다양한 식물성 식품을 적절히 먹으면 충분히 섭취할 수 있다.

주요 식품 '1회 분량'당 철분 함량

식품군	식품명	1회 분량 (g)	칼로리 (㎉)	철분 (㎎)
콩류	렌즈콩	30	107.7	2.15
	리마콩	30	105.3	1.86
	쥐눈이콩	20	80.6	1.63
	대두(밤콩)	20	82	1.62
	대두(흑태)	20	81.4	1.54
	대두(메주콩)	20	81.8	1.33
	대두(서리태)	20	82.6	1.24
	붉은팥	30	100.5	1.54
견과류, 씨앗류	햄프씨드	20	92.6	2.62
	아마씨	20	112.8	1.80
	호박씨	20	107.6	1.72
	참깨	20	111.2	1.61
	들깨	20	106	1.55
	치아씨	20	97.2	1.54
	잣	20	126	1.34
	검정깨	20	109.8	1.16
	해바라기씨	20	117.8	1.13
채소류	쑥	70	25.9	5.70
	고춧잎(건조)	10	26.6	3.16
	취나물(건조)	10	29.9	1.89
	우거지	10	27.8	0.95
	고사리(건조)	10	26.1	0.64
	무말랭이	10	31.8	0.52
해조류	매생이(생것)	70	27.3	12.81
	꼬시래기(생것)	70	11.9	4.83
	톳(건조)	10	8.1	7.62
	돌김(건조)	10	16.5	1.86
	김(건조)	10	16.3	1.53
	다시마(건조)	10	11	0.63
	미역(건조)	10	14.9	0.61
녹말류	아마란스	90	344.7	8.81
	귀리	90	333.9	6.30
	통호밀	90	300.6	5.76
	통밀	90	307.8	4.68

엽산

엽산 일일 권장섭취량은 성별·연령별로 다양하여 15∼65밀리그램 DFE(Dietary Folate Equivalent: 식이엽산당량) 수준이고, 임신 시 220밀리그램, 수유 시 150밀리그램의 추가 보충이 필요하다. 아래 엽산이 풍부한 음식들을 참고하여, 푸른잎채소와 다양한 식물성 식품을 적절히 먹으면 충분히 섭취할 수 있다.

주요 식품 '1회 분량'당 엽산 함량

식품군	식품명	1회 분량(g)	칼로리(㎉)	엽산(㎍)
채소류	시금치	70	20.3	190.4
	모시잎	71	45.44	168.3
	들깻잎	70	32.9	105.0
	아욱	70	25.9	81.2
	쑥갓	70	10.5	80.5
	취나물	70	35.7	77.0
	케일	70	18.2	73.5
	고춧잎	70	31.5	72.1
	취나물(건조)	10	29.9	45.6
	고사리(건조)	10	27.3	39.8
	애호박(건조)	10	28.4	32.6
	우거지	10	27.8	30.8
	가지(건조)	10	29	20.7
	고춧잎(건조)	10	26.6	18.9
	마늘	10	12.3	12.5
녹말류	아마란스	90	344.7	109.8
	퀴노아	90	327.6	94.5
콩류	동부	30	102.9	120.6
	녹두	30	105.6	128.4
	쥐눈이콩	20	80.6	115.6
	대두(서리태)	20	82.6	97.0
	대두(흑태)	20	81.4	97.0
	병아리콩	30	111.9	60.3
	붉은팥	30	111.9	49.5
	대두(메주콩)	20	81.8	36.0
	리마콩	30	105.3	36.0
견과류	해바라기씨	20	117.8	49.4
	연씨	20	17	46.0
	호두	20	137.6	31.2
	땅콩	20	113.4	27.6
	들깨	20	106	20.2
해조류	미역(건조)	10	14.9	28.3
버섯류	표고버섯	30	53.4	54.3

아연

아연 일일 권장섭취량은 성별·연령별로 다양하여 3~10밀리그램 수준이고, 임신 시 2.5밀리그램, 수유 시 5밀리그램의 추가 보충이 필요하다. 아연은 채식을 실천하는 사람에게 결핍되기 쉬운 영양소로 알려져 있지만, 아래 아연이 풍부한 음식들을 참고하여, 건강한 녹말 식품과 다양한 식물성 식품을 본인에게 필요한 칼로리만큼 먹으면 충분히 섭취할 수 있다.

주요 식품 '1회 분량'당 아연 함량

식품군	식품명	1회 분량(g)	칼로리(㎉)	아연(㎎)
견과, 씨앗류	해바라기씨	20	117.8	1.21
	아마씨	20	112.8	1.22
	호박씨	20	109.6	1.22
	삼씨	20	92.6	1.20
	캐슈넛(조미)	20	115.2	1.08
	검정깨	20	109.8	1.02
	들깨	20	106	0.96
	치아씨	20	97.2	0.92
	피칸	20	138.2	0.91
	참깨	20	111.2	0.89
	브라질너트	20	131.8	0.81
	아몬드	20	116.2	0.80
	땅콩	20	113.4	0.73
콩류	병아리콩	30	111.9	0.97
	렌즈콩(갈색)	30	107.7	0.93
	대두(흑태)	20	81.4	0.90
	쥐눈이콩	20	80.6	0.88
	대두(메주콩)	20	81.8	0.86
	대두(서리태)	20	82.6	0.82
녹말류	차조	90	324	3.17
	아마란스	90	344.7	2.89
	메밀	90	326.7	2.78
	찰보리	90	311.4	2.42
	찰현미(동진)	90	321.3	2.12
	늘보리	90	311.4	1.93
	퀴노아	90	327.6	1.90
	겉보리(압맥)	90	308.7	1.85
	현미(호품)	90	308.7	1.85
	찹쌀(동진)	90	326.7	1.82
	흑현미	90	320.4	1.81
	쌀보리	90	307.8	1.80
채소류	고사리(건조)	10	27.3	1.08
	고춧잎(건조)	10	26.6	0.71
	우거지	10	27.8	0.63
	취나물(건조)	10	29.9	0.37
버섯류	표고버섯(건조)	10	62.8	0.63
	목이버섯(건조)	10	16.9	0.22
해조류	미역(건조)	10	14.9	0.30

칼륨

칼륨 일일 권장섭취량은 성별·연령별로 다양하여 400~3,500밀리그램 수준이고, 임신 시에는 추가 보충이 필요 없고, 수유 시 400밀리그램의 추가 보충이 필요하다. 충분한 칼륨 섭취는 나트륨의 작용을 완화해 혈압을 적정 수준으로 유지하는 데 기여한다. 아래 칼륨이 풍부한 음식들을 참고하여 콩류, 해조류, 채소류, 녹말 음식 등 다양한 식물성 식품을 적절히 먹으면 충분히 섭취할 수 있다.

주요 식품 '1회 분량'당 칼륨 함량

식품군	식품명	1회 분량(g)	칼로리(㎉)	칼륨(㎎)
콩류	강낭콩(생것)	70	120.4	511.0
	녹두	30	105.6	426.0
	붉은팥	30	100.5	378.9
	동부	30	102.9	354.3
	회색팥	30	105	399.3
	쥐눈이콩	20	80.6	377.6
	대두(서리태)	20	82.6	369.6
	대두(메주콩)	20	81.8	367.6
	대두(흑태)	20	81.4	360.8
	검정팥	30	96.9	333.9
	병아리콩	30	111.9	325.5
	대두(밤콩)	20	82	290.6
	렌즈콩	30	107.7	282.9
해조류	미역줄기(생것)	70	9.8	1330.0
	다시마(생것)	70	8.4	869.4
	미역(생것)	70	12.6	778.4
	다시마(건조)	10	11	750.0
	김(건조)	10	16.3	277.3
채소류	시금치(생것)	70	20.3	553.0
	고춧잎(건조)	10	26.6	378.0
	애호박(건조)	10	28.4	373.5
	우거지	10	27.8	351.3
	가지(건조)	10	29	347.1
	고사리(건조)	10	26.1	287.9
	무말랭이	10	31.8	310.8
견과류	피스타치오	20	112	205.0
	헤이즐넛	20	131.8	193.4
	땅콩	20	113.4	159.8
	아몬드	20	116.2	156.0
	아마씨	20	112.8	154.0
과일	아보카도	20	37.4	144.0
	대추(건조)	15	41.85	120.8
버섯류	표고버섯(건조)	10	17.8	187.3
	목이버섯(건조)	10	16.9	108.5
녹말 식품	통밀	90	307.8	702.0

마그네슘

마그네슘 일일 권장섭취량은 성별·연령별로 다양하여 25~410밀리그램 수준이다. 임신 시 40밀리그램의 추가 보충이 필요하고, 수유 시에는 추가 보충이 필요 없다. 아래 마그네슘이 풍부한 음식들을 참고하여, 녹말 음식과 견과류, 콩류 등 다양한 식물성 식품을 본인에게 필요한 칼로리만큼 먹으면 충분히 섭취할 수 있다.

주요 식품 '1회 분량'당 마그네슘 함량

식품군	식품명	1회 분량(g)	칼로리(㎉)	마그네슘(㎎)
견과류	호박씨	20	109.6	100.6
	아마씨	20	112.8	82.0
	햄프씨드	20	92.6	78.0
	검정깨	20	109.8	76.6
	브라질너트	20	131.8	75.2
	참깨	20	111.2	74.2
	아몬드	20	116.2	67.0
	치아씨	20	97.2	67.0
	해바라기씨	20	117.8	57.6
	들깨	20	106	50.8
	캐슈넛(조미)	20	115.2	48.0
	땅콩	20	113.4	39.8
	호두	20	137.6	25.8
	피스타치오	20	112	24.2
	피칸	20	138.2	24.2
녹말류	아마란스	90	344.7	349.2
	메밀	90	326.7	219.6
	퀴노아	90	327.6	128.7
	차조	90	324	128.7
	찰현미(동진)	90	321.3	106.2
	흑현미	90	101.7	101.7
	현미(호품)	90	308.7	90.0
콩류	대두(메주콩)	20	81.8	51.2
	녹두	30	105.6	52.2
	리마콩	30	105.3	51.0
	동부	30	102.9	50.4
	대두(서리태)	20	82.6	45.0
	쥐눈이콩	20	80.6	42.2
	대두(흑태)	20	81.4	41.8
	붉은팥	30	100.5	40.8
	병아리콩	30	111.9	40.5
	렌즈콩(갈색)	30	107.7	31.8
채소류	깻잎	70	32.9	105.7
	모시잎	70	44.8	95.9
	고춧잎(생것)	70	31.5	74.9
	고춧잎(건조)	10	26.6	60.7
	고사리(건조)	10	27.3	26.5
	가지(건조)	10	29	22.7
	애호박(건조)	10	28.4	21.6
	무말랭이	10	31.8	16.5
	우거지	10	27.8	15.6
	취나물(건조)	10	29.9	11.4
버섯류	목이버섯(건조)	10	16.9	21.6
해조류	미역	10	14.9	90.1

건강 및 영양학

《조금씩 천천히 자연식물식》, 이의철 지음, 니들북, 2021
《무엇을 먹을 것인가》, 콜린 캠벨 · 토마스 캠벨 지음, 유자화 · 홍원표 옮김, 열린과학, 2020
《영양의 미래》, 콜린 캠벨 · 넬슨 디슬라 지음, 김정은 옮김, 열린과학, 2022
《당신이 병드는 이유》, 콜린 캠벨 · 하워드 제이콥슨 지음, 이의철 옮김, 열린과학, 2016
《지방이 범인》, 콜드웰 에셀스틴 지음, 강신원 옮김, 사이몬북스, 2018
《죽을 때까지 치매 없이 사는 법》, 딘 세르자이 · 아예샤 세르자이 지음, 유진규 옮김, 부키,
2020
《어느 채식의사의 고백》, 존 A. 맥두걸 지음, 강신원 옮김, 사이몬북스, 2022
《맥두걸 박사의 자연식물식》, 존 A. 맥두걸 지음, 강신원 옮김, 사이몬북스, 2018
《비만의 종말》, 가쓰 데이비스 지음, 김진영 · 강신원 옮김, 사이몬북스, 2021
《건강 불균형 바로잡기》, 닐 바너드 지음, 최가영 옮김, 브론스테인, 2021
《최강의 식물식》, 윌 벌서위츠 지음, 정미화 옮김, 청림Life, 2021
《채식하는 운동선수》, 맷 프레이저 · 로버트 치키 지음, 엄성수 옮김, 싸이프레스, 2022
《평생 비건》, 잭 노리스 · 버지니아 메시나 지음, 김영주 옮김, 든든, 2022,
《통증 잡는 음식》, 닐 바너드 지음, 이진한 옮김, 포북(for book), 2017 (절판, 도서관 대출)

기후위기 및 지속가능성

《식량위기 대한민국》, 남재작 지음, 웨일북, 2022
《파란하늘 빨간지구》, 조천호 지음, 동아시아, 2019
《나는 풍요로웠고, 지구는 달라졌다》, 호프 자런 지음, 김은령 옮김, 김영사, 2020
《기후정의》, 한재각 지음, 한티재, 2021
《그레타 툰베리의 금요일》, 그레타 툰베리·스반테 툰베리·베아타 에른만·말레나 에른만 지음, 고영아 옮김, 책담, 2019

동물권 및 비건주의

비거니즘 계간지 《물결》, 물결 편집부 지음, 두루미
《아무튼, 비건》, 김한민 지음, 위고, 2018
《비건》, 플로랑스 피노 지음, 엘로디 페로탱 그림, 권지현 옮김, 씨드북, 2021
《채식하는 이유》, 황윤·최훈·안백린·전범선·이의철 지음, 나무를심는사람들, 2022
《사랑할까, 먹을까》, 황윤 지음, 휴(休), 2018
《비건 세상 만들기》, 토바이어스 리나르트 지음, 전범선·양일수 옮김, 두루미, 2020
《나의 친애하는 비건 친구들에게》, 멜라니 조이 지음, 강경이 옮김, 심심, 2022년
《짐을 끄는 짐승들》, 수나우라 테일러·이마즈 유리 지음, 장한길 옮김, 오월의봄, 2020
《고기로 태어나서》, 한승태 지음, 시대의창, 2018
《채식하는 사자 리틀타이크》, 조지 웨스트보·마거릿 웨스트보 지음, 정소영 옮김, 책공장더불어, 2014

동화책

《당근 먹는 티라노사우르스》, 스므리티 프라사담 홀스 지음, 카테리나 마놀레소 그림, 엄혜숙 옮김, 풀과바람, 2021
《채식하는 호랑이 바라》, 김국희 지음, 이윤백 그림, 낮은산, 2020
《채소가 최고야》, 이시즈 치히로 지음, 야마무리 코지 그림, 엄혜숙 옮김, 천개의바람, 2011
《에드몽은 왜 채소만 먹게 되었을까?》, 크리스틴 나우만 빌맹 지음, 크리스 디 쟈코모 그림, 이정주 옮김, 한솔수북, 2012 (절판, 도서관 대출)
《채소 먹는 용, 허브》, 쥘 배스 지음, 송순섭 옮김, 푸른날개, 2007 (절판, 도서관 대출)

1부. 생존을 위협할 미래가 다가온다

1 Kulp. Scott A, Benjamin H. Strauss(2019), New Elevation Data Triple Estimates of Global Vulnerability to Sea-Level Rise and Coastal Flooding, Nat Commun, 10(1):4844.

2 농촌진흥청(2022.4.13.), '온난화'로 미래 과일 재배 지도 바뀐다, 보도자료.

3 Chatham House(2021.9.14.), Climate change risk assessment 2021. 접속: https://www.chathamhouse.org/2021/09/climate-change-risk-assessment-2021

4 FAO, IFAD, UNICEF, WFP and WHO(2021), The State of Food Security and Nutrition in the World 2021, Transforming food systems for food security, improved nutrition and affordable healthy diets for all. Rome, FAO. 접속: https://www.fao.org/documents/card/en/c/cb4474en

5 Alexandra-Maria Klein, et al.(2007), Importance of pollinators in changing landscapes for world crops, Biological Sciences, Proc Biol Sci, 274(1608):303-13.

6 〈뉴스타파〉(2022.2.8.), 노지 재배 쌀 배추 무에서 녹조 독소 첫 검출. 접속: http://newstapa.org/article/cf0mm

7 채수미 외(2014), 기온과 지역특성이 말라리아 발생에 미치는 영향, 보건사회연구, 34(1):436-455.

8 Kang HN, et al.(2016.11.), 알레르기 꽃가루 농도와 알레르기 증상 유발과의 상관성 연구. Allergy Asthma Respir Dis, 4(6):415-422.

9 Zhang Y & Steiner AL(2022), Projected climate-driven changes in pollen emission season length and magnitude over the continental United States, Nat Commun, 13(1):1234.

10 Eckstein D, Künzel V, Schäfer L(2021), GLOBAL CLIMATE RISK INDEX 2021, Germanwatch e.V. 접속: https://www.germanwatch.org/en/cri

11 세계은행 데이터(World Bank Data) 웹페이지에서 'CO2 emissions (kt)', 'Population, total', 'CO2 emissions (metric tons per capita)' 자료조회. 접속: https://data.worldbank.org

12 UNICEF(2021), The Climate Crisis is a Child Rights Crisis: Introducing the Children's Climate Risk Index. 접속: https://www.unicef.org/reports/climate-crisis-child-rights-crisis

13 Carbon Brief(2019.4.10.), Analysis: Why children must emit eight times less CO2 than their grandparents. 접속: https://www.carbonbrief.org/analysis-why-children-must-emit-eight-times-less-co2-than-their-grandparents

14 '글로벌 생태발자국 네트워크(Global Footprint Network)' 웹페이지 상단에 있는 'TOOLS & RESOURCES' 메뉴에서 'Open Data Platform'을 클릭하여 정보 확인 가능하다. 접속: https://data.footprintnetwork.org/#/

15 EAT-Lancet Commission(2020), Diets for a Better Future Report: Rebooting and Reimagining Healthy and Sustainable Food Systems in the G20.

16 Lee E, et al.(2021.12.), Accelerated mass loss of Himalayan glaciers since the Little Ice Age, Sci Rep, 20;11(1):24284. 논문 내용에 대한 한글 기사를 참고하려면 다음과 같다. 〈뉴스트리〉(2021.12.21.), 히말라야 빙하 벌써 40% 사라졌다...700년 전보다 10배 빨라. 접속: https://www.newstree.kr/newsView/ntr202112210001

2부. 음식으로 지구를 구한다

1 한국 정부의 '산림 및 토지 이용에 관한 글래스고 정상선언'에 대한 인식이나 준비 정도에 대해서는 환경운동연합의 성명서를 참고하기 바란다. 환경운동연합(2021.11.4.), 문재인 대통령의 COP26 산림복원은 정책 변화가 뒤따라야. 접속: http://kfem.or.kr/?p=219910

2 IPCC(2019), Climate Change and Land: an IPCC special report on climate change, desertification, land degradation, sustainable land management, food security, and greenhouse gas fluxes in terrestrial ecosystems.

3 CO2.earth, Where the CO2 emissions go. 접속: https://www.co2.earth/global-co2-emissions

4 1961년부터 2019년 사이에 전체 동물성 식품은 8.3배, 육류 전체는 18.9배, 소고기는 21.2배, 돼지고기는 16.6배, 닭고기는 33.1배, 기타 육류는 9.3배, 어패류는 4.3배, 달걀은 8.7배, 우유 및 유제품은 19배, 식물성 기름(식용유)은 51.5배, 설탕은 26.7배 섭취가

증가했다. 쌀, 보리, 밀, 감자, 고구마, 옥수수 등 녹말음식 섭취는 23퍼센트 감소했는데, 녹말음식을 가장 많이 먹었던 1972년과 비교하면 40퍼센트 감소했다. 유엔 식략농업기구(UN FAO) 홈페이지에서 관련 데이터를 살펴볼 수 있다. 접속: https://www.fao.org/faostat/en/#data/FBS

5 〈한국경제〉(1990.6.15.), 국내 대두박 생산차질로 식용유 파동 예고 & 〈매일경제〉(1990.8.24.), 식용유 파동 일파만파.

6 온실가스종합정보센터, '2018년 승인 국가 온실가스 배출·흡수계수' 및 '2020년 승인 국가 온실가스 배출·흡수계수' 참고.

7 Tauseef SM, et al(2013), Methane capture from livestock manure, J Environ Manage, 117:187–207.

8 가축별 체중당 일일 분뇨 발생량은 한우 3.9퍼센트, 젖소 6.7퍼센트, 돼지 4.4퍼센트, 산란계 7.3퍼센트, 육계 6.6퍼센트다. '축종별 분뇨 및 세정수 발생량 대푯값'을 참고하여 재계산했다. 접속: https://www.nongsaro.go.kr에서 농업기술〉영농기술〉축산정보〉축산분뇨〉의사결정지원 메뉴 선택.

9 EPA(2022.2.27.), Climate Change Indicators: Greenhouse Gases. 접속: https://www.epa.gov/climate-indicators/greenhouse-gases

10 온실가스종합정보센터, '2019년 승인 국가 온실가스 배출·흡수계수' 참고.

11 EPA(2022. 2. 27.), Understanding Global Warming Potentials. 접속: https://www.epa.gov/ghgemissions/understanding-global-warming-potentials

12 기후변화홍보포털(2022.1.25.), 2021년 국가 온실가스 인벤토리 1990-2019 공표, 접속: https://www.gihoo.or.kr/portal/kr/community/data.do

13 정동환(2011), 대청호 및 보령호 수질관리를 위한 조류발생 억제 방안 연구Ⅱ, 국립환경과학원.

14 토양지하수정보시스템의 지하수정보〉지하수 데이터 조회〉지하수 통계자료 내용 참고. 접속: https://sgis.nier.go.kr/web

15 김연태 외(2002), 경기도 일죽지역 천부지하수의 질산성 질소 오염특성, 한국지하수토양환경학회 추계학술발표회.

16 〈한라일보〉(2021.6.15.), 지하수 ③질산성 질소 오염·해결 방안.

17 송주호(2004), 가축 사육두수 총량제의 도입 방안에 관한 연구, 한국농촌경제연구원.

18 영산강·섬진강 수계관리위원회(2016), 영산강수계에 유입되는 가축분뇨의 항생물질 분포실태 조사 및 관리방안 연구: 1년차 보고서.

19 국립환경과학원 금강물환경연구소(2019), 축산단지 주변 하천수의 의약물질 잔류실태 조사(Ⅱ).

20 백민경 외(2021), 가축분뇨 유래 퇴비 및 농경지 중 축산용 항생제의 잔류 및 위해성 평가, J Appl Biol Chem, 64(2):177-184.

21 김장환(2016), 가축분 퇴비 시용 농경지의 Sulfonamides 내성균과 내성유전자 분포 특

성, 경상대학교 대학원.

22 식품의약품안전처(2021), 2020년도 국가 항생제 사용 및 내성 모니터링—동물, 축산물.

23 질병관리본부(2016), 국내 인체감염 세균에서 항생제 내성 유전자 확인. 보도자료.

24 Yoon EJ, et al.(2018), Detection of mcr—1 Plasmids in Enterobacteriaceae Isolates From Human Specimens: Comparison With Those in Escherichia coli Isolates From Livestock in Korea, Ann Lab Med, 38(6):555—562.

25 Oh SS, et al.(2020), Increasing prevalence of multidrug—resistant mcr—1—positive Escherichia coli isolates from fresh vegetables and healthy food animals in South Korea, Int J Infect Dis, 92:53—55.

26 CO2.earth, Where the CO2 emissions go. 접속: https://www.co2.earth/global—co2—emissions

27 Saba GK, et al.(2021), Toward a better understanding of fish—based contribution to ocean carbon flux, Limnol Oceanogr, 66:1639—1664.

28 Pershing AJ, et al.(2010), The Impact of Whaling on the Ocean Carbon Cycle: Why Bigger Was Better, PLOS ONE, 5(8): e12444.

29 Chami R, et al.(2019. 12.), Nature's solution To Climate Change. Finance & Developmet, 34—38.

30 Sala E, et al.(2021), Protecting the global ocean for biodiversity, food and climate, Nature, 592(7854):397 — 402.

31 Gatti RC, Alena Velichevskaya(2020), Certified "sustainable" palm oil took the place of endangered Bornean and Sumatran large mammals habitat and tropical forests in the last 30 years, Sci Total Environ, 742:140712.

32 Meijaard, E. et al.(2018), Oil palm and biodiversity, A situation analysis by the IUCN Oil Palm Task Force, IUCN Oil Palm Task Force Gland, Switzerland: IUCN.

3부. 인류의 멸종에 저항하는 영양학

1 Heyll U(2007. 12.), The "Fight over the Protein Minimum". The conflict between scientific nutrition teaching and food reform in 19th and 20th century Germany, Dtsch Med Wochenschr, 132(51—52):2768—73.

2 Carpenter KJ(2003.4.), A short history of nutritional science: part 2 (1885—1912), J Nutr, 133(4):975—84.

3 Hindhede M(1926), The Biological Value of Bread—Protein, Biochem J, 20(2):330 — 334.

4 du Jardin Nielsen AG, Metcalfe NH(2018), Mikkel Hindhede (1862—1945): A

pioneering nutritionist, J Med Biogr, 26(3):202—206.

5 Hindhede M(1920), The Effect Of Food Restriction During War in Mortality In Copenhagen, JAMA, 74(6):381—382.

6 Chen Z, et al.(2020), Associations of Specific Dietary Protein With Longitudinal Insulin Resistance, Prediabetes and Type 2 Diabetes: The Rotterdam Study, Clin Nutr, 39(1):242—249.

7 Shang X, et al.(2016.11.), Dietary Protein Intake and Risk of Type 2 Diabetes: Results From the Melbourne Collaborative Cohort Study and a Meta—Analysis of Prospective Studies, Am J Clin Nutr, 104(5):1352—1365.

8 Chen Z, et al.(2020), Dietary protein intake and all—cause and cause—specific mortality: results from the Rotterdam Study and a meta—analysis of prospective cohort studies, Eur J Epidemiol, 35(5):411—429.

9 Naghshi S, et al.(2020), Dietary intake of total, animal, and plant proteins and risk of all cause, cardiovascular, and cancer mortality: systematic review and dose—response meta—analysis of prospective cohort studies, BMJ, 370:m2412.

10 통계청, 사망원인(236항목)/성/연령(5세)별 사망자 수, 사망률, 사망원인 통계. 한국의 사망원인 통계는 1983년부터 집계되기 시작해서 그 이전인 1970년대 정보는 확인할 수 없음.

11 연합뉴스(2016.7.26.), 韓여성 평균키 162.3㎝…100년 새 20㎝ 커져 세계 1위 '폭풍 성장', 접속: https://www.yna.co.kr/view/AKR20160726054000009

12 World Cancer Research Fund, Continuous Update Project Expert Report 2018. Height and birthweight and the risk of cancer. 접속: wcrf.org/diet—and—cancer

13 Choi YJ, et al.(2019), Adult height in relation to risk of cancer in a cohort of 22,809,722 Korean adults, Br J Cancer, 120(6):668—674.

14 Green J, et al.(2011.8.), Height and cancer incidence in the Million Women Study: prospective cohort, and meta—analysis of prospective studies of height and total cancer risk, Lancet Oncol, 12(8):785—94.

15 World Cancer Research Fund, Diet, Nutrition, Physical Activity and Cancer: a Global Perspective. Continuous Update Project Expert Report 2018. 접속: wcrf.org/diet—and—cancer

16 Seo MY(2020.12.), Trend of Menarcheal Age among Korean Girls, J Korean Med Sci, 21;35(49):e406.

17 Cho GJ, et al.(2010.1.), Age at menarche in a Korean population: secular trends and influencing factors, Eur J Pediatr, 169(1):89—94.

18 질병관리청(2021. 10.), 2021 만성질환 현황과 이슈.

19 Gannon MC, et al.(2001), Effect of Protein Ingestion on the Glucose Appearance

Rate in People With Type 2 Diabetes, Clinical Trial J Clin Endocrinol Metab, 86(3):1040-7.

20 Khan MA, Gannon MC, Nuttall FQ(1992.12.), Glucose Appearance Rate Following Protein Ingestion in Normal Subjects, J Am Coll Nutr, 11(6):701-6.

21 Nuttall FQ, Gannon MC(1990.7.), Metabolic Response to Egg White and Cottage Cheese Protein in Normal Subjects, Metabolism, 39(7):749-55.

22 Pal S, Ellis V(2010), The Acute Effects of Four Protein Meals on Insulin, Glucose, Appetite and Energy Intake in Lean Men, Br J Nutr, 104(8):1241-8.

23 Ascencio C, et al.(2004), Soy Protein Affects Serum Insulin and Hepatic SREBP-1 mRNA and Reduces Fatty Liver in Rats, J Nutr, 134(3):522-9.

24 Azemati B, et al.(2017), Animal-Protein Intake Is Associated with Insulin Resistance in Adventist Health Study 2 (AHS-2) Calibration Substudy Participants: A Cross-Sectional Analysis, Curr Dev Nutr, 1(4):e000299.

25 Song K, et al.(2021), Trends of Dyslipidemia in Korean Youth According to Sex and Body Mass Index: Based on the Korea National Health and Nutrition Examination Survey (2007-2018), J Pediatr, 237:71-78.e5.

4부. 기후미식, 모두를 위한 지속가능한 레시피

1 https://www.klimagourmet.de/rhein-main-guide/

2 Brink E, et al.(2019), Development of healthy and sustainable food-based dietary guidelines for the Netherlands, Public Health Nutr, 22(13):2419-2435.

3 Food and Agriculture Organization of the United Union, Food-based dietary guidelines. 접속: https://www.fao.org/nutrition/education/food-dietary-guidelines/regions/en

4 보건복지부(2020.12.), 2020 한국인 영양소 섭취기준-에너지와 다량영양소.

5 Saget, Catherine, Vogt-Schilb, Adrien and Luu, Trang(2020), Jobs in a Net-Zero Emissions Future in Latin America and the Caribbean, Inter-American Development Bank and International Labour Organization, Washington D.C. and Geneva.

6 EAT-Lancet Commission(2020), Diets for a Better Future Report: Rebooting and Reimagining Healthy and Sustainable Food Systems in the G20.

7 COLLEGE PULSE(2019.12.9.), 1 in 10 College Students Follow a Vegetarian or Vegan Diet, https://collegepulse.com/blog/college-students-vegetarian-vegan-food-diet

8 Greener by Default, Universities. 접속: https://www.greenerbydefault.com/universities

9 The Vegetarian Resource Group, How Many People are Vegan? How Many Eat Vegan When Eating Out? Asks The Vegetarian Resource Group. 접속: https://www.vrg.org/nutshell/Polls/2019_adults_veg.htm

10 Charles Stahler and Reed Mangels PhD, How Many Vegetarians and Vegans are There? 접속: https://www.vrg.org/nutshell/CulturedMeatYouGov2022.pdf

11 Hansen PG, et al.(2021), Nudging healthy and sustainable food choices: three randomized controlled field experiments using a vegetarian lunch-default as a normative signal, J Public Health(Oxf), 43(2):392−397.

12 DefaultVeg, Implement DefaultVeg, https://defaultveg.org/#!/implement

부록

1 농식품정보누리, 제철농산물〉제철농식품. 접속: https://www.foodnuri.go.kr

2 수협중앙회(2022.3.4.), 우리바다 해초 이야기. 접속: https://blog.naver.com/suhyup_nf/222663926619

3 농촌진흥청(2021), 국가표준식품성분표 제9개정판(국가표준식품성분 DB 9.3). 접속: http://koreanfood.rda.go.kr/kfi/fct/fctIntro/list?menuId=PS03562

4 한국영양학회(2020.11.), 2020 한국인 영양소 섭취기준, 보건복지부.

기후미식

초판 1쇄 발행 2022년 8월 17일 **초판 6쇄 발행** 2023년 10월 5일

지은이 이의철
펴낸이 이승현

출판1 본부장 한수미
와이즈 팀장 장보라
책임편집 선세영
디자인 김준영

펴낸곳 ㈜위즈덤하우스 **출판등록** 2000년 5월 23일 제13-1071호
주소 서울특별시 마포구 양화로 19 합정오피스빌딩 17층
전화 02) 2179-5600 **홈페이지** www.wisdomhouse.co.kr

ⓒ 이의철, 2022

ISBN 979-11-6812-348-9 03330